Eine Bildreise

Detlev Arens / Ellert & Richter Verlag

Prag

Detlev Arens / Ellert & Richter Verlag

Autor/Bildnachweis/Impressum

Detlev Arens, geb. 1948, studierte Germanistik, Theaterwissenschaften und Philosophie. Nach seiner Promotion arbeitete er als Verlagslektor. Seit 1987 freier Autor. Er verfaßte kunst- und literaturkritische Studien sowie Arbeiten zur Kulturgeschichte der Pflanzen. Außerdem ist er Autor mehrerer Kunstreiseführer. Zuletzt erschienen einige Essays über die Stadt Prag.

Titelfoto:
Karlsbrücke mit Brückenturm

Farbabbildungen:
Karol Kallay/Bilderberg, Hamburg: S. 12/13, 68/69, 86/87, 94/95
Hans Madej/Bilderberg, Hamburg: S. 10/11, 14/15, 16/17, 20/21, 38/39, 48/49, 54/55, 64/65, 66/67, 84/85
Michael Pasdzior, Hamburg: S. 24/25, 28/29, 30/31, 34/35, 36/37, 42/43, 44/45, 50/51, 52/53, 56/57, 62/63, 70/71, 72/73, 76/77, 80/81, 88/89, 92/93
Otto Stadler, Geisenhausen: Titel, S. 22/23, 26/27, 40/41, 78/79

S/W-Abbildungen:
Bildarchiv Preußischer Kulturbesitz, Berlin: S. 9, 19, 32, 47, 75
Süddeutscher Verlag Bilderdienst, München: S. 83
Ullstein Bilderdienst, Berlin: S. 6, 7, 8, 18, 33, 58, 59, 60, 82, 91

Karte: Kartographie Huber, München

Die Deutsche Bibliothek — CIP-Einheitsaufnahme
Prag / Detlev Arens. —
Hamburg: Ellert und Richter, 1992
(Eine Bildreise)
ISBN 3-89234-306-3
NE: Arens, Detlev

© Ellert & Richter Verlag, Hamburg 1992
Alle Rechte vorbehalten

Text und Bildlegenden: Detlev Arens, Köln
Lektorat: Dorothee v. Kügelgen, Hamburg
Gestaltung: Hartmut Brückner, Bremen
Satz: KCS GmbH, Buchholz/Hamburg
Lithographie: Litho Service Bremen, Bremen
Druck: Zumbrink Druck GmbH, Bad Salzuflen
Bindearbeiten: Buchbinderei Büge, Celle

Inhalt

Der Architrav des Renaissancefensters am Altstädter Rathaus trägt die Inschrift: Praga caput regni — Prag, Haupt des Königreichs (Böhmen). Man hat ihr das Beiwort „hunderttürmig" verliehen, André Breton nannte sie die „magische Hauptstadt Europas". An Ehrentiteln dieser Art hat es der Stadt nie gefehlt. Das geläufigste Epitheton heißt allerdings die „Goldene Stadt", obwohl niemand genau sagen kann, wie Prag gerade zu diesem Namen kam.

Die Schönheit der Stadt fasziniert die Besucher mehr denn je. Es ist ja nicht nur der eine oder andere Palast auf der Kleinseite, diese oder jene gotische Kirche, der die Gäste Prags ihre Reverenz erweisen. Es sind vielmehr das geschlossene städtebauliche Ensemble und die Atmosphäre dieser Metropole, die auch sachlich veranlagte Zeitgenossen begeistern.

In welcher Stadt Europas findet sich heute noch ein vergleichbarer Weg wie der vom Altstädter Ring über die Karlsbrücke und Kleinseite hinauf zum Hradschin? Und wo sonst noch breitet sich vor dem Betrachter ein derart eigentümlich-großartiges Panorama aus wie das oben von der Burg, den Veitsdom und den Königspalast im Rükken? Gleich einem Amphitheater zieht sich Prag an sanft geneigten Hängen empor. Unten in der Arena bestehen die barockexpressiven Plastiken der Karlsbrücke ihren ganz eigenen Glaubenskampf . . .

Und bei allem Touristengetümmel gibt es immer noch die abgeschiedenen Winkel, die plötzliche Stille im Innenhof eines festlichen Palais oder die in sich gekehrte Anmut herbstlicher Gartenanlagen, die vom Lebensgefühl des Rokoko authentischer sprechen als jedes Gebäude.

Von den Anfängen Prags künden freilich nur noch die Arbeiten der Archäologen. Seit dem neunten Jahrhundert behauptet Prag unangefochten die Führungsrolle in Böhmen. Damals verlegten die Přemysliden ihren Herrschaftssitz von Levy Hrádec auf den Hradschin. Die Burg steht jedoch nicht allein am Anfang der Stadtgeschichte Prags. Nahe einer Moldaufurt war ein Gemeinwesen aus mehreren Siedlungskernen entstanden. Noch im 18. Jahrhundert gab es vier

(mit der Judenstadt fünf) Prager Städte, die bis zu ihrer Vereinigung durch ein Dekret Kaiser Josephs II. von 1784 ein Eigenleben führten.

Zweifellos hatte die Přemyslidenburg wesentlichen Einfluß auf den kontinuierlichen Aufschwung der Siedlungen zu ihren Füßen. Von einer Stadt kann allerdings erst seit dem 13. Jahrhundert die Rede sein, und erst unter König Wenzel I. (1228/30—1253) erhielt die heutige Altstadt eine Umwehrung (1235), womit sie rechtlich und ökonomisch zum bestimmenden Zentrum an der Moldau geworden war. Als 1257 die heutige Kleinseite ebenfalls städtische Privilegien erhielt, konnte das die Vorrangstellung der Altstadt nicht mehr gefährden.

Natürlich mußte den přemyslidischen Herrschern auf der Burg daran gelegen sein, ihre Stadt wirtschaftlich zu stärken. Sie förderten die Ansiedlung von Kaufleuten, wobei sie vor allem den deutschen Siedlern Vorrechte gewährten. Diese Bemühungen führten aber nicht immer zu dem gewünschten

Erfolg: Prag lag abseits der Europa durchquerenden großen Verkehrswege. Für die wichtigen Handelshäuser war Prag hauptsächlich des Hofes wegen attraktiv, der viele hochwertige Prestigegüter benötigte. Doch in der Stadt selbst fehlten die Voraussetzungen für eine Produktion, die sich auf dem europäischen Markt hätte behaupten können.

Der Reformator Johannes Hus (um 1369—1415). Als sich der Reformator gegen den Ablaßhandel und andere Mißbräuche der Amtskirche wandte, entzog Wenzel IV. ihm seinen Schutz. Gegen die Zusicherung des freien Geleits ging er zur Verteidigung seiner Lehren nach Konstanz und wurde dort während des Konzils im Jahre 1415 gegen das Versprechen König Sigmunds hingerichtet.

Einen Entwicklungsschub erfuhr Prag unter Kaiser Karl IV. (König von Böhmen 1347–1378, Kaiser 1355–1378). Der Luxemburger mit der přemyslidischen Mutter erhob Prag politisch und kulturell zur Kapitale des Heiligen Römischen Reiches Deutscher Nation. In dieser Zeit entstand der großartige Veitsdom, den Matthias von Arras 1344 begonnen hatte und den Peter Parler von 1353–1385 vollendete. Parler führte auch die Karlsbrücke über die Moldau. Damals erlebte das Gemeinwesen sein „Goldenes Zeitalter", von dem heute nicht nur einzelne Bauten, sondern ein ganzer Stadtteil zeugt; Karl IV. gründete die Neustadt, ein epochaler städtebaulicher Wurf, der im damaligen Europa beispiellos war. Als erste Hochschule Mitteleuropas gründete er im Jahre 1348 die Prager Universität, die noch heute seinen Namen trägt.

Die Bedeutung, die die Stadt zur Regierungszeit Karls IV. besaß, hat das Königreich Böhmen, hat Prag nicht halten können. Schon mit Karls Sohn Wenzel endet faktisch die unter so vielen Mühen angebahnte dynastische Kontinuität der Luxemburger. Dennoch verfielen Böhmen und seine Hauptstadt nach dem Tode des Kaisers nicht in den Dämmer politischer Bedeutungslosigkeit, sondern erlebten eine lange Periode religiöser und nationaler Auseinandersetzungen. Sie haben im geistigen Leben des Landes tiefe Spuren hinterlassen. Der zu Konstanz verbrannte Jan Hus (um 1369–1415) wurde zum Symbol eines Kampfes, bei dem es nicht nur um die Erneuerung des Glaubens, sondern auch um den Widerstand gegen die Fremdherrschaft ging.

Einmal mehr stand Prag im Mittelpunkt des Geschehens: In der Bethlehemskapelle und an der Universität sprach der Reformator Hus vor der rasch wachsenden Zahl seiner Anhänger, und seine oft noch entschiedeneren Nachfolger fanden hier großen Zulauf. Doch Prag sah auch das Auseinanderfallen der hussitischen Bewegung in Gemäßigte und Radikale. Während das Patriziat der Altstadt schon bald nach einem Kompromiß mit den Mächtigen des Reiches und der katholischen Kirche suchte, hielt es die durch Handwerker geprägte Neustadt mit den unnachgiebigen Hussiten.

Die konservativen Kräfte setzten sich am Ende zwar durch, aber die „böhmische Freiheit" spukte weiterhin in den Köpfen

herum. Trotz der labilen sozialen und politischen Verhältnisse entstanden im Prag der nachhussitischen Zeit außerordentliche Zeugnisse der spätgotischen Kunst, allen voran der herrliche Vladislav-Saal mit seinem exzentrischen Rippengewölbe auf der Burg. Nachdem sich die Habsburger endgültig in den Besitz der Wenzelskrone gesetzt hatten, ließ Ferdinand I. als König von Böhmen mit dem Belvedere einen markanten Renaissancebau für seine Gemahlin Anna errichten.

Und noch einmal sollte Prag die Hauptstadt des Reiches werden: Kaiser Rudolf II. (1576–1611/12) verlegte 1582 seine Residenz endgültig von Wien auf die Prager Burg. Auch vom Regiment dieses kunstsinnigen Herrschers fiel mancher Glanz auf die böhmische Hauptstadt, obwohl Rudolf als Politiker keineswegs eine überzeugende Figur machte und gegen Ende seines Lebens eine seelische Krankheit die Tatkraft des Habsburgers immer mehr lähmte.

Sein barockes Gesicht erhielt Prag, nachdem das Zentrum des Reiches in Wien lag. Der Dreißigjährige Krieg hatte in Prag seinen Ausgang genommen. Die Erhebung der Stände war schon im November 1620 zusammengebrochen, als die Schlacht am Weißen Berg bei Prag mit einem vollständigen Sieg der Habsburger geendet hatte.

Rektor mit den Vertretern der vier Universitätsnationen. Im Jahre 1348 gründete Karl IV. die erste Universität im Heiligen Römischen Reich, die Karlova oder Karls-Universität. Nach einem anonymen Gemälde des 16. Jahrhunderts.

Die Kriegsgewinnler des dreißigjährigen Ringens, an dessen Ende der Traum von einem selbständigen Böhmen endgültig ausgeträumt war, setzten ihre prächtigen Paläste auf die Kleinseite und in die Hradschin-Vorstadt.

Selbstverständlich kündeten auch neue Kirchenbauten vom Triumph der Gegenreformation. In der Altstadt, in der Neustadt und auf der Kleinseite errichteten die Jesuiten wahrhafte Ordensburgen, um ihre Meinungsführerschaft im Religionskampf unübersehbar zu zeigen. Obwohl Prag nun abseits des großen Reichsgeschehens lag, fanden künstlerische Begabungen, die das Gemeinwesen auf die Höhe des europäischen Barocks führen sollten, den Weg hierher.

Trotz des politischen Niedergangs war Böhmen ökonomisch ein Kernland der Monarchie geblieben. Heftige Strukturkrisen unter dem Eindruck der beginnenden Industrialisierung blieben dennoch nicht aus.

Im Jahre 1790 hatte Prag 78.000 Einwohner. 1851 war es mit 120.000 Einwohnern eine der größten Städte Mitteleuropas und spielte eine führende Rolle als Wirtschafts- und Verwaltungszentrum. Bedeutende Kunstwerke entstanden in dieser Übergangszeit nicht. Am ehesten konnte noch die Malerei einen hohen Standard halten. Es erhoben sich immer mehr Stimmen, die auf eine Repräsentation der Tschechen im Staatsleben drangen. Diese Patrioten setzten sich für die Förderung der nationalen Kultur ein, vor allem für die Förderung der tschechischen Sprache und Literatur.

Anfangs waren diese Bestrebungen noch von einem vaterländischen Idealismus getragen. Aber bald gerieten sie in offenen Gegensatz zur Habsburgermonarchie, die glaubte, ihre Macht nicht ohne die Unterdrückung der Völker sichern zu können. Im Verlauf des 19. Jahrhunderts verschärfte sich dieser Konflikt immer mehr: Wiederum stand die Hauptstadt Böhmens im Mittelpunkt der nationalen Manifestationen. Das Nationaltheater an der Moldau wurde das ambitionierte Symbol des tschechischen Nationalbewußtseins. An seiner Vollendung (1881/1883) waren die besten Künstler des Volkes beteiligt. Als die Uni-

versität 1882 in eine deutsche und eine tschechische Hochschule geteilt wurde, bekam Prag auch für die slawische Intelligenz außerhalb Böhmens erhebliche Anziehungskraft.

In Prag entstanden jedoch nicht nur die repräsentativen Bauten der nationalen Wiedergeburt, sondern in späterer Zeit auch beeindruckende Zeugnisse des Jugendstils. Das bekannteste ist zweifellos das Gemeinde- und Repräsentationshaus am Pulverturm.

Während seiner Bauzeit zwischen 1906 und 1912 war die Kluft zwischen der Wiener Zentralregierung und den Tschechen noch tiefer geworden. Deren Hoffnung, ähnlich wie Ungarn, zum dritten Pfeiler der Monarchie zu werden, hatte sich nicht erfüllt.

Rudolf II. (Deutscher Kaiser und König von Böhmen, 1576−1612) in der Alchimistenklause. Der in Prag residierende Kaiser pflegte seine wissenschaftlichen und künstlerischen Interessen und war Förderer von vielen Gelehrten. Stich nach einem Gemälde von Václav Brožík (1851−1901).

Ihre Entstehung nach dem Ersten Weltkrieg und dem Zusammenbruch des Habsburgerreiches verdankt die Tschechoslowakei wesentlich dem Wirken eines Mannes: Tomáš G. Masaryk (1850–1937). Der charismatische Politiker wurde auch Präsident der ersten Republik. Die Hauptstadt des neuen Staates wurde selbstverständlich Prag. So wird der bedeutende Beitrag tschechischer Maler, Bildhauer und Architekten zum Kubismus entscheidend durch diese politische Konstellation begünstigt: Man wollte dem neuen Vaterland auch ein eigenes künstlerisches Profil verleihen.

Die Souveränität dieses neuen Vaterlandes war aber schon bald in Gefahr. Vor allem innerhalb der deutschen Bevölkerung fand mit den Jahren ein aggressiver Nationalismus, der sich später von Adolf Hitler leicht instrumentalisieren ließ, immer mehr Anhänger. Dabei hatte gerade die Tschechoslowakei viele Exilsuchende aus dem „Dritten Reich" aufgenommen, war gerade Prag ein Zentrum der deutschen Exilliteratur geworden. Die Besetzung der Tschechoslowakei durch deutsche Truppen 1938/39, die blutigen Jahre des Protektorats Böhmen und Mähren, fanden in der gewaltsamen Vertreibung der deutschen Bevölkerung von 1945 bis 1947 einen nach Maßgabe der politischen Logik wohl folgerichtigen Schlußpunkt. Prag wurde selbstverständlich Hauptstadt der zweiten Republik, die sich bald zu einer „Volksdemokratie" wandelte, sich später sozialistisch nannte und dies heute auch schon nicht mehr ist. Der „Prager Frühling" im Jahre 1968 hat sich also vom Einmarsch der damaligen Warschauer-Pakt-Staaten zwar aufhalten, aber letztlich nicht unterdrücken lassen.

Das Prag von heute liegt in einer Art Gründungsfieber. Unter der Käseglocke des real existierenden Sozialismus eher zur großen Vergangenheit hin orientiert, gilt es nun, möglichst schnell an den westlichen Standard anzuschließen. Hinter den prächtigen und zuweilen sogar sorgfältig restaurierten Fassaden des 18. Jahrhunderts erwarten die Bewohner nicht selten holzwurmbefallene Stiegen und trostlose sanitäre Verhältnisse. Wer jedoch im Bereich des Zentrums bereits wieder Hauseigentümer ist, kann auf westliche Geschäftsleute hoffen. Diese zahlen – wenn auch oft genug zähneknirschend – für eine repräsentative Wohnung oder ein Ladenlokal Mieten, die leicht das

Dutzendfache des hierzulande üblichen Monatslohns übersteigen. Manche locken womöglich noch mit dem Versprechen, die Sanierung des ganzen Gebäudes in die Hand zu nehmen.

Wie jede Metropole hat Prag seine Platz-, Verkehrs- und Umweltprobleme. Die Plattenbausiedlungen der Vorstädte sind hier nicht wohnlicher als andernorts, und manches Hochhaus von wenig ambitionierter Bauweise hat sich in die berühmte Silhouette Prags geschoben. Wer für eine Reise nach Prag den eigenen Wagen in Anspruch nimmt, sollte besser darauf verzichten, mit diesem Gefährt ins historische Zentrum vorzudringen. Dennoch liegt es nicht allein an den Autos, wenn sich außer dem Himmel auch noch eine Dunstglocke über Prag wölbt. Die Emissionen der zahlreichen privaten Kohleheizungen und der Kohlegroßfeueranlagen im Industriegürtel bereiten nicht nur den Denkmalpflegern Kopfschmerzen.

Die vielen Freunde der Stadt dürfen also gespannt sein, wie sich das Gemeinwesen in den neuen Verhältnissen einrichten wird.

Sie alle hoffen, daß dieses großartige Architektur-Ensemble nicht zur bloßen Kulisse wird, zum potemkinschen Dorf einer Touristenattraktion. Schließlich könnte das oft beschworene Mitteleuropa nirgendwo besser sein Zentrum finden als hier. Prag als Schnitt- und Brennpunkt der europäischen Kultur – das ist nicht nur ein historisches Erbe, sondern auch ein Auftrag für die Zukunft.

Ferdinand I. (1503–1564, Kaiser seit 1556). Er ließ als König von Böhmen (gekrönt 1527) für seine Gemahlin Anna das Lustschloß Belvedere im Stil der Renaissance errichten.

Zweifellos das berühmteste Prag-Panorama: Die Karlsbrücke ist in erdenschweres Dunkel gehüllt, die Kleinseite wird nur durch schwachen Schein beleuchtet; dafür aber erstrahlt die Burg um so glanzvoller. Und natürlich ist der Veitsdom das Diadem dieser Stadtkrone (rechts die Doppeltürme des St.-Georg-Klosters).

D

as Königliche Mausoleum im Veitsdom ist eine Arbeit Alexander Collins von Mecheln (1527–1612). Die prunkvolle Marmor-Grablege entstand zur Zeit des kunstsinnigen Kaisers Rudolf II. (1552–1612, Kaiser seit 1576). Den Auftrag dazu hatte jedoch schon Rudolfs Vater Maximilian II. (1527–1576, Kaiser seit 1564) gegeben, dessen Bildnis der Fotograf in den Vordergrund seiner Aufnahme gerückt hat.

Eine abendliche Sonne taucht das Altstädter Moldauufer in warmes Licht. Vorne erhebt sich das Neorenaissance-Gebäude des heutigen Smetana-Museums, hinten schließt das Dach des Nationaltheaters die Häuserflucht am Quai ab.

E in seltener und selten schöner Augenblick: Die Karlsbrücke ohne das Getriebe des Tages. Die Denkmalpfleger befürchten, daß dieses Wahrzeichen der Metropole den vielen Prag-Besuchern auf Dauer nicht gewachsen sein wird.

Die Altstadt: *von winkligen Gassen und festlichen Kirchen*

Das Zentrum der Millionenstadt Prag ist auch heute noch die Altstadt. Ihr Mittelpunkt ist wiederum der Altstädter Ring (Staroměstské nám.). Nicht von ungefähr haben sich die Verantwortlichen bereits in der Zeit des Sozialismus bemüht, diesen Platz als Renommierstück ihrer Hauptstadt zu präsentieren. Hier finden sich alle Prag-Besucher mit jener rätselhaften Unvermeidlichkeit ein, die dem Schlagwort vom Touristenstrom doch einige Aussagekraft verleiht. Am Altstädter Ring steht ja keineswegs nur der oft erweiterte Bau des historischen Rathauses. Dort stehen mit Teyn- und Nikolauskirche auch zwei der bedeutendsten Gotteshäuser der Hauptstadt. Überdies ziert den Altstädter Ring noch das Goltz-Kinský-Palais, einer der schönsten Prager Stadtpaläste. Gleich daneben erhebt sich das „Haus zur steinernen Glocke", nach seiner aufwendigen, erst vor kurzem abgeschlossenen Regotisierung „das einzige Turmhaus östlich des Rheins". Die Platzmitte akzentuiert das wahrhaft monumentale Hus-Denkmal. Ihr Schöpfer Ladislav Šaloun gehörte in der Zeit des Prager Jugendstils zu dessen markantesten Vertretern. Wer zur vollen Stunde über den Altstädter Ring flaniert, bekommt außerdem das Glockenspiel vom Rathausturm geboten. Es gibt sich jedoch mit dem bloßen Ohrenschmaus nicht zufrieden: Zu seinen Klängen öffnen sich über den kunstvollen Zifferblättern der Astronomischen Uhr die beiden Türchen, und heraus treten in langem Zug die Apostel. Der Hahn zu Häupten der Jünger Jesu schlägt mit den Flügeln, der Tod hebt sein Stundenglas — so gemahnt diese ingeniöse Mechanik an die Eitelkeit und Vergänglichkeit alles Irdischen.

Von großem städtebaulichem Reiz ist die Nachbarschaft von Teyn- und Nikolauskirche. Während sich an der Ostseite des Platzes die „düstere Gotik" der Teynkirche geltend macht, zieht an der Nordseite ein geradezu programmatisches Bauwerk des Prager Barocks die Blicke auf sich. Die Nikolauskirche (1732—1735) ist eine Schöpfung Kilian Ignaz Dientzenhofers, des begabtesten hauptstädtischen Architekten jener Periode. Sein Bauwerk hat bei aller Virtuosität der Gliederung doch etwas Angestrengtes. Bei aller Effektsicherheit teilt sich uns noch heute etwas von der starken

Tendenz dieses außerordentlichen Künstlers mit, sich in der großen autoritären Geste zu verkrampfen.

Anders die Teynkirche: Sie beeindruckt durch ihre Schlichtheit, den streng kalkulierten Einsatz der Mittel. Im Innern freilich birgt dieses Gotteshaus manches Kunstwerk, das — wie die Sedilien der Nebenapsiden oder die geschnitzte Taufe Christi in einem Altar des Hauptschiffes — die ganze Anmut der späteren und spätesten Gotik entfaltet.

Daß Kilian Ignaz Dientzenhofer ein sehr wandlungsfähiger Architekt war, zeigt ein Vergleich von Nikolauskirche und dem Palais Goltz-Kinský am nordöstlichen Flügel des Platzes. Dem donnernden Akkord des sakralen Bauwerks ist die heitere Kantilene einer Fassade entgegengesetzt, deren Formenkanon bereits ins Rokoko weist. Dabei ist dieses Palais keineswegs nur von kunsthistorischem Interesse. Hier kam die Friedensnobelpreisträgerin Bertha von Suttner zur Welt (geborene Gräfin Kinský). Das dritte Stockwerk beherbergte die Oberschule, die Franz Kafka besuchte.

Überhaupt Kafka: Sein Hebräisch-Lehrer, der namhafte Judaist Friedrich Thieberger, hat eine sehr bezeichnende Äußerung seines Schülers festgehalten: „Als wir einmal vom Fenster auf den Ring hinunterschauten, sagte er, auf die Gebäude hinweisend: ‚Hier war Gymnasium, dort in dem Gebäude, das herüberschaut, die Universität und ein Stückchen weiter links hin mein Büro. In diesem kleinen Kreis', — und mit seinem Finger zog er ein paar kleine Kreise —, ‚ist mein ganzes Leben eingeschlossen'." Fast zeitlebens blieb Franz Kafka (1883—1924) an Prag gebunden. Seine Gefühle der Stadt gegenüber waren denn auch keineswegs nur schwärmerischer Natur. Tatsächlich ist er auch dem Weichbild des Altstädter Rings höchstens fallweise entronnen. Nichtsdestoweniger nennt Kafka die Stadt nur einmal — in einem frühen Erzählfragment — beim Namen. Schon das unterscheidet sein Werk von dem der anderen Deutsch-Prager Autoren. Im übrigen lebte er hier so unauffällig unter seinesgleichen, daß es noch lange nach seinem Tod vielen, die ihn nur flüchtig kannten, nicht in den Kopf wollte, einen der größten deutschsprachigen Dichter in ein Gespräch über das Wetter verwickelt oder nach dem Befinden der werten Familie befragt zu haben.

Die Altstadt besteht keineswegs nur aus dem gleichnamigen Ring. Es gibt noch einige andere Plätze, jahrhundertealte, verwirrend krummläufige Gassen — und es gibt die „Durchhäuser". Sie bieten sich als praktische Prüfung in Prager Ortskunde für Fortgeschrittene an. Einmal abgesehen davon, daß sie häufig der direkteste Weg zu

einem Ziel sind, erlauben sie auch einen Blick hinter die Schaufronten. „War es", fragt sich der gebürtige Altstädter und „rasende Reporter" Egon Erwin Kisch, „war es die Entdeckersehnsucht, war es Hintertreppenromantik wörtlichen Sinnes oder der Wunsch, tiefer in die Geheimnisse einzudringen, die sich ganz bestimmt hinter den gedunkelten Fassaden der Häuser verbergen?" Aber was immer es gewesen sein mag — kundschaftet man die Durchhäuser systematisch aus, so findet man sich unversehens in einem feingewirkten Netz von kleinen Pfaden, die durch das Dickicht der Metropole führen. Auf ihnen läßt es sich „durch ganze Stadtteile Prags gehen, ohne die offene Straße zu etwas anderem als zum bloßen Überschreiten benützen zu müssen, sozusagen auf dem Landwege". Ob allerdings ein Fremder den Ehrgeiz entwickeln sollte, derart trockenen Fußes und gegebenenfalls trockeneren Hauptes durch die Altstadt zu streifen, muß dahingestellt bleiben. Tschechischkenntnisse können dabei jedenfalls nützlich sein. „Průchod zakázan!" heißt „Durchgang verboten".

Von allen Altstädter Gassen sind die Celetná und die Karlova am dichtesten bevölkert. Letztere führt vom Kleinen Ring (Malé nám.) unter etlichen Krümmungen zur Karlsbrücke und geht auf einen sehr alten Handelsweg zurück. Ecke Karlova/Husova — also an prominenter Stelle im

Altstädter Rathaus und Ring mit der Teynkirche. Der später entstandene Stich will die Verhältnisse des 16. Jahrhunderts wiedergeben (was ihm bis auf die Kostüme der Personen nicht gelingt).

Stadtgefüge — steht das Clam-Gallas-Palais, an dem zunächst die beiden Portale ins Auge fallen. Ihre Aufbauten tragen je zwei Gigantenpaare. Sie strotzen vor Kraft — und doch sind sie nur Knechtsgestalten, Unterdrückte im buchstäblichen Sinne des Wortes. Die Figuren tragen die unverwechselbare Handschrift von Matthias Bernhard Braun, dem namhaftesten Bildhauer des Prager Barocks. Beim Clam-Gallas-Palais arbeitete er mit dem kaiserlichen Hofarchitekten Johann Bernhard Fischer von Erlach zusammen, der gleichfalls zu den außerordentlichen Künstlerpersönlichkeiten dieser Epoche gehörte.

Wir bleiben noch auf der Husova, die uns zum Bethlehemsplatz (Betlémske nám.) führt. Dort steht ein Gebäude, das mit der vielleicht wichtigsten Periode böhmischer Landesgeschichte untrennbar verbunden ist: die Bethlehemskapelle. Das schlichte Gotteshaus — eine Rekonstruktion von 1931 aus den erhaltenen Überresten der 1786 abgerissenen Kapelle — diente Jan Hus als Hauptpredigtraum. Die Andachtsstätte ist heute dem Wirken und Nachwirken des Reformators gewidmet, der für seine Lehre am 7. Juli 1415 zu Konstanz verbrannt wurde. Nach Hus' Märtyrertod erhoben sich seine Anhänger gegen Kaiser und Papst. In den darauffolgenden Hussitenkriegen brachten diese „Gottesstreiter" den hochgerüsteten Ritterheeren so viele und so vernichtende Niederlagen bei, daß sie bald in den Ruf der Unbesiegbarkeit kamen. Entscheidend geschwächt wurde die Bewegung auch erst durch innere Zwistigkeiten, die sie schließlich in zwei feindliche Lager spalteten. Doch selbst nach der militärischen Niederlage ihres radikalen Flügels blieben die Hussiten eine gesellschaftliche Macht — eben bis zu jener unglücklichen Schlacht am Weißen Berg 1620.

Diese Schlacht markiert einen tiefen Einschnitt in der Landesgeschichte. Sie bedeutet den endgültigen Triumph des Katholizismus. Und wer der Karlova bis zur Karlsbrücke folgt, bekommt immerhin eine Ahnung davon, mit welch absolutem Geltungsanspruch die Vertreter der Gegenreformation auftraten. Rechter Hand liegt kurz vor dem Flußübergang der gewaltige Komplex des Klementinums, einer regelrechten Glaubensfeste der Jesuiten. Nicht weniger als drei Kirchen nimmt das vielflügelige Geviert auf, außerdem blieben die prunkvollen Bibliotheksräume und die historische Sternwarte erhalten.

Gegenüber der jesuitischen Hauptkirche St. Salvator erhebt sich, schon hart am Moldauufer, das Gotteshaus der Kreuzherrenritter vom Roten Stern. Es ist nicht so groß wie die Andachtsstätte der Jesuiten, aber es verfügt über die prägnantere Architektur. Die noble, klassizistisch geläuterte Fassadengliederung verrät sofort die Handschrift des Franzosen Jean Baptiste Mathey (1630−1690). Mit der grandiosen Kuppel schuf Mathey einen Abschluß, der für immer ein Glanzpunkt der bewegten Prager Dachlandschaft bleiben sollte.

Die Celetná weist ziemlich geradewegs nach Westen und findet mit dem Pulverturm einen weithin sichtbaren Abschluß. Wer will, kann, ausgehend von der recht kurzen Straße, alle Attraktionen in diesem Teil der Altstadt erkunden, um durch eine Seitengasse oder eines der typischen Prager Durchhäuser immer wieder auf sie zurückzugelangen. Knapp hinter dem Chor der Teynkirche zweigt die Štupartská ab und von dieser wiederum die Malá (Kleine) Štupartská. Hier findet sich mit der Jakobskirche das schönste barockisierte Gotteshaus Prags. Selbst die Stuckreliefs an ihrer Westfassade, Arbeiten des italienischen Bildhauers Ottavio Mosto (entstanden 1695), sind außerordentliche Kunstwerke, die auf die pracht- und prunkvolle Ausstattung des Inneren einstimmen. Dieser Kirchenraum hat etwas von einem Theater — ist gleichsam ein Theatrum Sacrum —, dessen bewegte Kulisse nicht auch noch durch ein Bühnengeschehen belebt werden muß.

Wie unspektakulär, wie nüchtern, aber deshalb nicht weniger kühn wirkt gegen solcherlei barocke Rhetorik die Architektur, mit der St. Salvator, die Hauptkirche des Agnesklosters, aufwartet. Der Baubeginn ihres Chors fällt in das Jahr 1261, und er schließt an die fortschrittlichsten Tendenzen der Epoche an. Das Kloster war eng mit dem alten Herrscherhaus Böhmens verknüpft, offensichtlich diente das Gotteshaus den Přemysliden als Grablege. Seine Gründung geht auf die erst kürzlich heiliggesprochene Agnes (1211−1282), eine Schwester König Wenzels I., zurück. Der ganze Komplex steht nach aufwendigen Restaurationsarbeiten Besuchern offen. Die Klostergebäude haben die Sammlungen der Nationalgalerie zur tschechischen Malerei des 19. Jahrhunderts aufgenommen.

Zu den bekanntesten Gebäuden der Hauptstadt zählt das — zweifellos repräsentative — Repräsentationshaus. Für viele ist es das Zeugnis des Prager Jugendstils schlechthin, obwohl in der Metropole noch etliche Gebäude existieren, die diese Kunstrichtung der Jahrhundertwende überzeugender vertreten. Die Architektur des Hauses schließt so manchen Kompromiß mit neobarocken Formen.

Einst lag hier der Königshof, und so mußte sich Vladislav II. nur in die unmittelbare Nachbarschaft bemühen, um 1475 den Grundstein zum Pulverturm zu legen. Erst vierhundert Jahre später wurde der Turm endgültig fertiggestellt, nachdem er gegen Ende des 17. Jahrhunderts als Pulverlager gedient und von daher seinen Namen erhalten hatte.

Der langgestreckte Ovocný trh (Obstmarkt) verbindet die Celetná mit der Železná-(Eisen)-Gasse. Ihr zugekehrt liegen das Stände(Tyl)-Theater und die Universität, die nach ihrem Gründer Carolinum heißt. Am 7. April 1348 hatte Kaiser Karl IV. die erste Hochschule Mitteleuropas ins Leben gerufen, doch erst 1383 erhielt sie mit dem Gebäude am Obstmarkt einen festen Sitz. Aus der Zeit um 1400 stammt der wunderschöne Kapellenerker, dessen spätgotische Architektur einen Vergleich mit den Parler-Bauten keineswegs zu scheuen braucht.

Mit größtem Unbehagen haben die Professoren den Bau des Tyl-Theaters direkt neben ihrer Hochschule verfolgt. Schließlich waren ernsthafte sittliche Gefährdungen der Kommilitonen durch das Schauspielervölkchen zu befürchten. Aber das Theater sollte auf ganz andere Weise von sich reden machen: Am 29. Oktober 1787 fand hier die Uraufführung von Mozarts „Don Giovanni" statt. Das Genie dieses Komponisten wußten die Prager sehr viel enthusiastischer zu würdigen als die Wiener. Mit „Don Giovanni" wurde das glanzvoll renovierte Haus im Jahre 1991 auch wieder eröffnet.

Peter Parler, Bildhauer und Dombaumeister von St. Veit (1330−1399), schuf dieses Selbstbildnis für die Triforiengalerie des Veitsdomes. Er wurde 1353 von Karl IV. nach Prag gerufen, um dort den von Matthias von Arras begonnenen Dombau fortzuführen.

D er
Schattenriß des Märtyrers
Jan Hus auf dem Altstädter
Ring, dahinter im vollen
Volumen seiner Architektur
das Fast-Rokoko-Palais
Goltz-Kinský.

Vom Rathaus-
turm geht der Blick über
die östliche Altstadt. Die
Teynkirche, das regotisierte
Haus zur steinernen Glocke
und das Goltz-Kinský-Palais
bilden eine großartige Front
zum Altstädter Ring hin.

D ie
Nikolauskirche am Altstädter Ring ist ein Werk Kilian
Ignaz Dientzenhofers, des
bedeutendsten Prager
Barockbaumeisters. Es
scheint, als solle ihre wuch-
tige Fassade die Gläubigen
einschüchtern − eine archi-
tektonische Drohgebärde,
die alle Zweifel an der heiligen, alleinseligmachenden
katholischen Kirche zum
Verstummen bringen will.

D ie Häuserzeile an der Südwestecke des Altstädter Rings (rechts der schmale Durchlaß zur Melantrichova). Immer wieder umgebaut, erweitert und den geänderten Wohnbedürfnissen angepaßt, reicht ihre Bausubstanz bis ins 13. Jahrhundert zurück.

D as
Altstädter Rathaus ist ein
Komplex aus vielen Häu-
sern, die im Laufe der Jahrhunderte zusammengewach-
sen sind, ohne ihre Eigen-
ständigkeit aufzugeben. Im
Vordergrund der Rathaus-
turm mit der berühmten
astrologischen Uhr, deren
ingeniöse Mechanik zu
jeder vollen Stunde unter
den Klängen des Glocken-
spiels ein beziehungsreiches
Figurenspiel in Gang setzt.

Die Celetná-Gasse gehört zu den prominentesten Straßen der Prager Altstadt. Ihre barocken Häuser und Palais haben heute Universitätsin-stitute, Restaurants und noble Ladenlokale aufge-nommen. Einst betrieb hier der Vater von Franz Kafka für einige Jahre sein Galanteriewaren-Geschäft.

Die Judenstadt: *wo die Uhren rückwärts laufen*

Es zählt zu den Besonderheiten der Moldaumetropole, daß eindrucksvolle Zeugnisse ihrer jüdischen Gemeinde bis heute im Stadtbild präsent geblieben sind. Die Geschichte der Prager Juden läßt sich bis ins 11. Jahrhundert zurückverfolgen, die Konturen einer „Judenstadt" werden im 13. Jahrhundert sichtbar. Den Charakter eines Ghettos nahm sie während des 16. Jahrhunderts an, 1850 wurde sie dann ein Prager Stadtviertel. Schon bald galten die Wohnverhältnisse hier als derart unerträglich, daß ihnen nur noch durch eine Radikallösung abzuhelfen war: durch die sogenannte Assanierung. Von diesem Totalabriß blieben nur sechs Synagogen, das Jüdische Rathaus und der alte — allerdings verkleinerte — Jüdische Friedhof verschont. Daß sie die Zeiten der Okkupation überstanden haben, „verdanken" sie dem zynischen Plan Hitlers, in Prag das „Museum einer ausgestorbenen Rasse" einzurichten.

Von jeher hat der alte Jüdische Friedhof die größte Faszination auf die Prag-Besucher ausgeübt, wovon so manches Werk der europäischen Literatur zeugt. Als Beispiel sei nur die Schilderung aus Wilhelm Raabes Erzählung „Holunderblüte" angeführt: „Aus dem schwarzen, feuchten, modrigen Boden, der so viele arg geplagte, mißhandelte, verachtete, angstgeschlagene Generationen lebendiger Wesen verschlungen hatte, in welchem Leben auf Leben versunken war wie in einem grundlosen gefräßigen Sumpf — aus diesem Boden stieg ein Hauch der Verwesung auf, erstickender als von einer unbeerdigten Walstatt, gespenstisch genug, um allen Sonnenglanz und allen Frühlingshauch und allen Blütenduft zunichte zu machen." Nicht weniger als 11.000 Grabstätten ehren auf diesem Gottesacker das Andenken der Toten; hinzu kommen noch einige Sarkophage. Dicht an dicht stehen sie, viele schief und halb ins Erdreich eingesunken. Etwa 200.000 Juden sollen hier bestattet worden sein. Ihre Gebeine liegen bisweilen in zehn Schichten übereinander. Die älteste Platte — mit dem 23. April 1439 als Todesdatum — wurde für den Dichter und Gelehrten Selicha Abigdor Karo aufgerichtet, die jüngste für Moses Beck, der am 17. Mai 1787 starb. Am häufigsten wird jedoch die Grabstätte des Jehuda ben Bezalel (1512–1609) besucht, der als Rabbi Löw die Hauptfigur vieler jüdischer Sagen und Geschichten ist. Ihm wurde auch die Erschaffung des Golem zugeschrieben, jenes Erdenkloßes, der seinem Schöpfer beinahe über den Kopf gewachsen wäre und nur mit Mühe wieder entseelt und in Staub zurückverwandelt werden konnte. — Die Frontseite der Löwschen Tumba krönt der nach oben gekehrte Pinienzapfen, ein Symbol des ewigen Lebens.

Ein gefragtes Motiv der Fotografen ist auch die Altneusynagoge mit dem Jüdischen Rathaus, beide Gebäude liegen sich gegenüber. Schon 1270 errichtet, zählt die Andachtsstätte zu den frühesten Zeugnissen gotischer Architektur in Prag. Darüber hinaus ist sie die älteste Synagoge Europas, in der heute noch Gottesdienste abgehalten werden. Verglichen mit ihrem herben Erscheinungsbild wirkt das barockisierte Jüdische Rathaus geradezu anheimelnd. Das hat sicher mit dem freundlichen Rosa des Fassadenanstrichs zu tun, doch trägt auch der verspielte Dachaufbau das Seine zu diesem Eindruck bei. Während die Uhr seines Türmchens die Zeit in uns vertrauter Weise mitteilt, nehmen die Zeiger auf dem hebräischen Zifferblatt in einer Gaube des Mansardwalmdaches den umgekehrten Weg: sie gehen rückwärts.

Das Jüdische Rathaus hat während der Renaissance auch die Hohe Synagoge aufgenommen. Sie erhielt ihren Namen, weil sie im zweiten Geschoß des Gebäudes liegt. Die Andachtsstätte besitzt noch eine wunderschöne Decke aus der Erbauungszeit (um 1590) und dient heute als Ausstellungsraum synagogaler Textilien. Überhaupt sind die bedeutenden Sammlungen des Prager Jüdischen Museums großenteils in Synagogen untergebracht. So zeigt die Klausensynagoge alte hebräische Handschriften und Drucke, die Maiselsynagoge eine einzigartige Präsentation von Kultgegenständen aus dem jüdischen Böhmen. Die Pinkas-Synagoge aus dem 16. Jahrhundert ist dem Andenken der jüdischen Menschen aus Böhmen und Mähren gewidmet, die während der nationalsozialistischen Gewaltherrschaft ermordet wurden. 77.297 Namen finden sich auf den Wänden des Gotteshauses . . .

Blick in die alte, um die Jahrhundertwende abgerissene Judenstadt. Nur die Synagogen, das Jüdische Rathaus und der (allerdings verkleinerte) Alte Friedhof haben diese „Assanierung" überstanden.

Nein, daß die Karlsbrücke durch die Jahrhunderte so vielen Eisgängen getrotzt hat, ist sicher nicht das Verdienst der Bürger von Velvary. Da hatte doch der geniale Baumeister ausgetüftelt, daß eine reichliche Dreingabe von Eiern die Festigkeit des Mörtels bedeutend erhöhen würde. Aber ein so gewaltiges Bauwerk verlangte auch gewaltige Mengen Eier, und die waren in Prag bei aller Liebe nicht aufzutreiben. Also erging an die böhmischen Untertanen der Befehl, von den Hinterlassenschaften ihres Federviehs einen guten Teil in die Hauptstadt zu liefern. Nun sind Eier ein zerbrechliches Gut, dessen heikler Transport bei den Wegeverhältnissen des 14. nachchristlichen Jahrhunderts nicht eben einfach war. Aber da hatten die Leute von Velvary einen mindestens ebenso brillanten Einfall wie der Baumeister: Sie kochten die Eier einfach hart, bevor sie sie nach Prag schickten.

Doch Spaß beiseite – schließlich zählt die Karlsbrücke zu den berühmtesten Brücken Europas, und das mit vollem Recht: Denn sie wurde von einem der namhaftesten Baumeister der Gotik errichtet und besitzt mit dem Altstädter Brückenturm einen der schönsten Profanbauten dieser Epoche. Darüber hinaus wird sie von einer großartigen Galerie barocker Plastiken geschmückt. Der Brückengänger sollte sich nicht von einer näheren Betrachtung dieser ausdrucksstarken Heiligen abhalten lassen, auch wenn mancher Andenkenhändler den einen oder anderen zum Schutzpatron seines Verkaufsstandes auserkoren zu haben scheint.

Eine steinerne Brücke über die Moldau gab es an dieser Stelle schon seit 1158. Im Jahre 1342 jedoch setzte ein Hochwasser diesem Überweg derart zu, daß ein Neubau unumgänglich schien. Kaiser Karl IV. beauftragte damit keinen geringeren als Peter Parler, unter dessen Leitung gerade der Veitsdom zu einer glanzvollen Kathedrale emporwuchs. Karl selbst sah wohl für die neue Verbindung zwischen Altstadt und Kleinseite solch großzügige Ausmaße vor. Besonders ihre Breite von zehn Metern erschien den Zeitgenossen überdimensioniert. Die Zeit aber hat dem Kaiser recht gegeben.

Die Brückenfiguren stammen zum großen Teil aus dem Barock, einige Statuen wurden im 19. Jahrhundert durch zeitgenössische Arbeiten ersetzt. Die älteste Plastik ist ein lebensgroßes Kruzifix des Jahres 1629, das damals seinen Weg von Dresden nach Prag fand. Seit 1689 ziert diesen Moldauübergang der Heilige, der bald als Brückenpatron schlechthin gelten sollte. Erst vierzig Jahre später, 1729, sollte der dargestellte Johannes Nepomuk (um 1350–1393) heiliggesprochen werden. Obwohl sein Märtyrertod schon über dreihundert Jahre zurücklag, hat seine Person im Europa der Gegenreformation eine wahrlich glanzvolle Karriere hinter sich gebracht. Der Legende nach ließ König Wenzel IV. den Generalvikar des Prager Erzbistums von der Karlsbrücke stürzen, weil dieser sich als Beichtvater von Wenzels Gemahlin nicht zu deren angeblicher Untreue geäußert hatte; so gebot es schließlich die priesterliche Schweigepflicht. Tatsächlich war der Herrscher jedoch weniger an dem Fehltritt seiner Gattin als an der politischen Schwächung des Prager Erzbistums interessiert. Er wagte allerdings nicht, den Erzbischof selbst anzutasten, statt dessen hielt er sich am Generalvikar schadlos.

Ein Gang über die Brücke lohnt sich vor allem wegen der Bildhauerarbeiten Ferdinand Maximilian Brokoffs (1688–1731) und Matthias Bernhard Brauns (1684–1738). Hier stehen sich die Werke zweier ganz verschiedener künstlerischer Temperamente gegenüber, deren differente Kunstauffassung auch Rückschlüsse über die Spannweite barocken Lebensgefühls zuläßt. Nahe dem Kleinseitner Ufer steht auf der stromaufwärts verlaufenden Brüstung die Gruppe mit der heiligen Luitgard, bei der Matthias Bernhard Braun seine expressive Darstellungsweise bis zum Äußersten gesteigert

hat. Die beiden folgenden Plastiken stammen von Ferdinand Maximilian Brokoff. Er hat auch die unheiligste Figur in dieser heiligen Gesellschaft geschaffen: jenen Türken, der – bereits über dem Kleinseitner Ufer – die gefangenen und im Kerker wehklagenden Christen bewacht. An diesem muselmanischen Gefängniswärter in seiner gespannten und ebenso unbewegten wie unheimlichen Ruhe haben sich die Geister der Stadt geschieden. Die wackeren Kleinseitner Bürger deuteten ihn und seinen provokanten Gestus sogleich als Verhöhnung des christlichen Abendlandes, bewarfen ihn nächtens mit Dreck und entwendeten ihm seinen Säbel. Während des türkisch-russischen Krieges allerdings bekundeten die Prager Deutschen der geschmähten Figur ihre entschiedene Sympathie. Bei Nacht und Nebel vergoldeten sie ihr die martialische Hiebwaffe. Weniger militante Zeitgenossen putzten wenigstens die Knöpfe ihres Doppelgewands heraus oder legten Blumen vor ihr nieder. Der Schriftsteller Max Brod, Freund und Entdecker Kafkas, erinnert sich, daß er in seiner frühen Jugend angesichts des Brückentürken buchstäblich eine Heidenangst bekam: „Diese Statue mit dem aus Lässigkeit und Laster gemischten Gesichtsausdruck war der Schrecken meiner Kinderjahre gewesen, hatte mich in viele Träume verfolgt."

Die berühmte 514 Meter lange Karlsbrücke, deren Altstädter Brückenturm zu den schönsten gotischen Profanbauten zählt, verbindet die Kleinseite mit der Altstadt. Kupferstich nach F. B. Werner (um 1740).

D icht
an dicht drängen sich auf
dem Alten Jüdischen Friedhof die Steine, die das
Andenken der Verstorbenen
ehren. Viele sind halb ins
Erdreich eingesunken,
andere stehen gegenein-
andergelehnt. Nur wenige
Besucher können die
hebräischen Inschriften ent-
ziffern, aber einige erkennen doch die Symbole, die
etwa für die Familiennamen
oder die Berufe der Toten
stehen.

D ie
herbe Architektur der Altneusynagoge, die als eines
der wenigen Bauwerke den
Abriß der Prager Judenstadt
überstand. Hinter dem
Backsteingiebel sollen sich
die Überreste des Golem
verbergen, den der hohe
Rabbi Löw als stummen
Diener erschuf. Allerdings
drohte ihm sein Gehilfe
bald über den Kopf zu
wachsen. So blieb dem
Gelehrten nichts anderes
übrig, als ihn wieder in
einen Lehmhaufen zurück-
zuverwandeln und auf dem
Dachboden der Synagoge zu
deponieren.

Die um 1270 errichtete Altneusynagoge ist der älteste jüdische Sakralbau Europas, in dem heute noch Gottesdienste abgehalten werden.

Auf
der Karlsbrücke — eine der
schönsten Flußüberquerun-
gen Europas — geben sich
die Heiligen ein Stelldich-
ein.

Der
Altstädter Brückenturm
gehört zu den schönsten
gotischen Profanbauten
Europas. Die Statuen im
Mittelgeschoß zeigen leicht
erhöht den heiligen Veit als
Brückenpatron, links den
gealterten Kaiser Karl IV.
und rechts seinen jugend-
lichen Sohn Wenzel mit der
Krone eines deutschen und
böhmischen Königs.

Die frische Vergoldung als Vorgriff auf bessere Zeiten: Adler und Krone unter dem Kruzifixus auf der Karlsbrücke. Im Hintergrund der Altstädter Brückenturm, halb verdeckt die Kuppel der Kreuzherrenkirche.

Von allen Prager Stadtteilen ist die Kleinseite zweifellos der beschaulichste. Und jeder Prag-Liebhaber kann nur hoffen, daß sich daran nichts ändert, wenngleich das große Geld just auf diesen Stadtteil ein besonderes Auge geworfen hat. Es bedroht die Authentizität seiner Baudenkmäler ebenso wie der Tourismus die Atmosphäre der Kleinseitner Bierstuben. Die älteste heißt „U sv. Tomáše" und liegt bei der überaus sehenswerten Thomaskirche, die wiederum zum gleichnamigen Kloster gehört. Zu dieser ehemaligen Niederlassung der Augustiner-Eremiten gehört schon seit 1358 eine Bierbrauerei. Wir wollen hoffen, daß ihr Gerstensaft unter den Kleinseitner Bieren von jeher eine löbliche Ausnahme war. Die erfreuten sich nämlich vorzeiten keineswegs eines guten Rufs. Lustlos und nur der Geselligkeit wegen sollen die hiesigen Bürger ihren Schnauzbart in den Schaum getaucht haben. Baß erstaunt waren sie jedenfalls, als eines Tages ein Fremder das Gebräu lobte. Stark sei das Bier, außergewöhnlich stark sogar, ließ sich der neue Gast vernehmen, und der Wirt strahlte vor Freude über das unerwartete Lob. Die anderen Trinker protestierten lebhaft, doch der Zugereiste blieb auch dann noch bei seinem Urteil, als er schon wieder den Türgriff in der Hand hatte. Natürlich sei das Bier stark, wiederholte er unbeirrt, schließlich habe er mit eigenen Augen gesehen, wie es die Mühlen an der Moldau angetrieben hätte. Sprach's und war gedankenschnell aus der Schankstube . . .

Auch das Zentrum der Kleinseite bildet einen Platz, eben den Kleinseitner Ring (Malostranské nám.). Von ihm aus läßt sich der Stadtteil nach allen Richtungen erkunden. Zuvor jedoch lädt die berühmteste Barockkirche Prags zu einem Besuch ein, denn die (Kleinseitner) Nikolauskirche erhebt sich im Zentrum dieses Platzes. Auch sie ist eine Jesuitenkirche, die dem angeschlossenen Kolleg des Ordens als Gotteshaus diente. Ihre gewaltige Kuppel zählt zu den Höhepunkten im Schaffen Kilian Ignaz Dientzenhofers, der das barocke Erscheinungsbild der Stadt wie kein anderer geprägt hat. Auch im Innern bestätigt die Nikolauskirche ihren Ruf, zu den anspruchsvollsten Barockbauten diesseits der Alpen zu gehören. Ihre Ausstattung steht der Architektur kaum nach. Das grandiose Deckenfresko Johann Lukas Krackers (1717−1779) verdient vor allem Bewunderung. Fast 1500 Quadratmeter verlangten nach dem Pinsel Krackers, kaum jemals vorher oder nachher hat sich ein Maler einer größeren leeren Fläche gegenübergesehen. Doch Kracker hat die Aufgabe souverän gelöst. Die Szenen aus der Legende des Kirchenpatrons sind von großer Lebendigkeit und Plastizität. Sie lohnen allemal eine Betrachtung durchs Fernglas.

Nördlich vom Kleinseitner Ring liegt der Waldsteinplatz (Valdštejnské nám.), der seinen Namen dem berühmtesten Einwohner der Kleinseite verdankt. Der geniale Feldherr und vermögende Glaubenskampfgewinner sicherte sich hier ein Terrain, dessen Ausmaße den Vergleich mit einer königlichen Residenz nicht zu scheuen brauchen. Auch der weitläufige (leider unzugängliche) Palast scheint neureiche Großmannssucht widerzuspiegeln. Doch sein Garten versöhnt mit dem Ehrgeiz des Bauherrn. Mit der imposanten Sala terrana verdient er − allein wegen seiner Plastiken, obwohl es sich dabei nur um Repliken handelt − einen Besuch. Die originalen Bronzestatuen des Niederländers Adriaen de Vries (1545−1626) ließen die Schweden nach Ende des Dreißigjährigen Krieges mitgehen. Sie schmücken noch heute den Park des Königlichen Schlosses zu Drottningholm.

Den Lärm der verkehrsreichen Karmelitská (Karmeliterstraße) würde der Prag-Besucher vermutlich gern in Kauf nehmen, dürfte er nur endlich den herrlichen Terrassengarten des Palais Vrtba wieder betreten. Der Garten teilt diese Verschlossenheit zwar mit etlichen anderen Barockgärten der Kleinseite, es ist in diesem Falle aber besonders bedauerlich, da sein plastischer Schmuck immerhin von Matthias Bernhard Braun stammt. In der Karmelitská liegt auch die Kirche Santa Maria de Victoria, der heiligen Mutter Gottes vom Siege. Mit dem Sieg ist jener am Weißen Berg von 1620 gemeint, den damals das ganze katholische Europa als Triumph seiner Sache gefeiert hat. Die Schaufront der Kirche gehört zu den frühesten Barockfassaden Prags (entstanden um 1638), wodurch sich ihre noch wenig elaborierte Formensprache erklärt. Bekannt aber wurde dieses Gotteshaus durch das sogenannte Prager Jesulein, eine sechzig Zentimeter hohe, wächserne Puppe, die im Jahr 1628 als Geschenk an die Karmeliter nach Prag kam. Als Kultfigur der Gegenreformation fand sie bald Zulauf, und sie wird auch heute noch verehrt und um die Erfüllung von allerlei Wünschen gebeten.

Von der anderen Straßenseite der Karmelitská zweigt, zum Kleinseitner Ring hin versetzt, die Prokopská ab. Damit taucht der Spaziergänger erst wirklich in die Idylle der Kleinseite ein. Zunächst befindet er sich auf dem Malteserplatz (Maltézské nám.) mit seiner Johanniterkirche Maria unter der Kette. Der Bau dieser gotischen Andachtsstätte blieb unvollendet, doch auch der Torso läßt ahnen, daß hier eines der prächtigsten Prager Gotteshäuser entstehen sollte. Die Prag-Besucher zieht es aber nicht eigentlich dieser Kirche wegen immer wieder zum Malteser- und zum etwas weiter zur Moldau hin gelegenen Großprioratsplatz (Velkopřevorské nám.). Sie erweisen vielmehr den großartigen Palästen ihre

aufgestecktes — Rad wurde vom Wasser des Teufelsbaches getrieben, der Čertovka. Das ist nun keineswegs ein selbständiger Wasserlauf, sondern ein Seitenarm der Moldau. Von der Kleinseite teilt er die Halbinsel Kampa ab, die im Norden mit ihrer barocken Bebauung, im Süden jedoch mit einem weitläufigen Park zum Verweilen einlädt. Sie steht wie kaum ein Bezirk der Hauptstadt für das romantische Prag, und einer schwärmerischen Idealisierung hat sie den Ehrentitel „Prager Venedig" zu verdanken.

Die schönste Gasse der Kleinseite führt hinauf zur Burg und heißt Nerudova nach ihrem berühmtesten Bewohner. Jan Nerudas (1834—1891) „Kleinseitner Geschichten" zählen zu den meistgelesenen Werken der tschechischen Literatur und wurden in viele Sprachen übersetzt. Die beiden Häuserzeilen der Nerudova stellen ein Ensemble dar, wie es selbst im denkmalgesegneten Prag einzigartig ist.

Am Fuß von Burgberg und Petřín gibt es noch so manches Palais und so manchen Garten, die mehr als eine Erwähnung verdienen. Dazu gehört sicher das barocke Schönborn-Palais (Tržiště 15), in dem heute die Botschaft der Vereinigten Staaten residiert. Auch Kafka hat einige Zeit in einem Seitenflügel dieses Palais gewohnt. An seinem „Amerika"-Fragment hat er in dieser Zeit jedoch nicht gearbeitet. — Nur einige hundert Meter westlich trat vor gar nicht langer Zeit einer der Prager Barockgärten aus seiner Verwunschenheit ins grelle Licht der Medienscheinwerfer: Der Garten des Lobkovic-Palais, des Sitzes der bundesdeutschen Botschaft. Hier mußten die kunsthistorischen Interessen einmal hinter den politischen zurückstehen. Es galt, in dem barocken Gebäude Tausende ausreisewillige DDR-Bürger unterzubringen.

Franz Kafka (1883—1924). Das schwer zu deutende Werk dieses Schriftstellers wurde in der Tschechoslowakei bis 1964 als dekadent abgelehnt.

Reverenz: dem Großpriorats- und dem Buquoy-Palais ebenso wie dem weitausladenden Palais Nostiz, die heute Botschaften beherbergen. Das Großpriorats-Palais läßt sich sogar besichtigen, denn es beherbergt eine Sammlung alter Musikinstrumente des Nationalmuseums. Es sind aber nicht die Gebäude allein, die den beiden Plätzen ihren ganz eigenen Reiz geben. Bei ihrer Pracht stellt sich unwillkürlich der Gedanke an lärmende Festlichkeit ein — diese Palais jedoch ruhen derart in der Stille ihrer Umgebung, daß ihre Opulenz jegliche Rhetorik verliert. In solch bedeutsamem Schweigen haben nicht wenige Prag-Liebhaber das Geheimnis, ja die Magie dieser Stadt entdeckt.

Zum Großpriorats-Palais gehörte ursprünglich auch eine Mühle. Ihr — heute wieder

V
om
Hradschin aus läßt sich die
Kleinseite ins Innenleben
schauen. An der Lehne zur
Burg ziehen sich große und
kleine Gärten hin, und die
Innenhöfe zeigen oft eigen-
willige Zubauten, die
offenbar die beengten
Wohnverhältnisse erträg-
licher gestalten sollen. Das
Palais mit dem breiten Gie-
bel im Hintergrund ist Sitz
der Deutschen Botschaft.

Im Garten des Waldstein-Palais. Das Insel-Rondell des hinteren Gartenteichs präsentiert den keulenschwingenden Herkules. Auch diese Bronzeskulptur ist eine Arbeit des berühmten Bildhauers Adriaen de Vries (1545–1626), der für den Feldherrn Albrecht von Waldstein mehrere Plastiken schuf.

Blick aus der Mostecká (Brücken- gasse) auf die Kleinseitner Nikolauskirche, ein Gemeinschaftswerk von Vater und Sohn Dientzen- hofer. Das gewaltige Gottes- haus scheint hier beinahe eine Straßenschlucht abzu- sperren — ein eindrucksvol- les Bild der beengten Klein- seitner Verhältnisse.

D
as
Nonplusultra der Romantik.
Die Čertovka (der Teufels-
bach) trennt die Kleinseite
von der Insel Kampa. In
welcher anderen europäi-
schen Metropole stößt der
Besucher noch auf solch
verschwiegene Winkel?

Ein stilles Refugium auf der Kleinseite: die Misenská (Meißener Gasse). Hierhin kommen nur wenige Touristen, obwohl das Gäßchen beinahe unterhalb der dichtbevölkerten Karlsbrücke liegt.

Nun führt unser Weg hinauf zum Prunkstück der Prager Stadtkulisse, dem Hradschin. Fast noch mehr als der Anblick des Burgbezirkes selbst fand die Aussicht von hier oben den Beifall der Enthusiasten. Und wirklich ist sie, über alle Zweifel erhaben, auch heute noch schön, wo an der Peripherie doch mancher moderne Zweckbau das Stadtbild beeinträchtigt. Das hohe Lob der Ästheten für das Panorama fiel wohl deshalb so überschwenglich aus, weil die Hradschin-Architektur ihren Schönheitssinn kränkte. Sie haben es dem Wiener Oberhofarchitekten Nikolaus von Pacassi (1716−1790) auch nach zweihundert Jahren nicht verziehen, daß er zwischen 1756 und 1774 dem Burgkomplex ein einheitliches Erscheinungsbild gab. Grämlich haben sie Pacassis Bauten genannt, sie als monströses Mahnmal der Beamtenmentalität gescholten. Der weniger verwöhnte Zeitgenosse kann über solch heftige Ablehnung nur staunen. Er denkt an die Verhunzung historischer Bausubstanz in seiner eigenen Umgebung und wird sich mit Herrn von Pacassis Fassaden gern zufriedengeben.

Daß der Veitsdom im 19. Jahrhundert eine neogotische und nicht eben inspirierte Vollendung erfuhr, hat seinem Ruhm keinen Abbruch getan. Die Anfänge der Kathedrale ließen jedenfalls keineswegs ein Meisterwerk der späten Gotik erwarten. Matthias von Arras, den der spätere Kaiser Karl IV. aus der damaligen päpstlichen Residenz Avignon mit nach Prag gebracht hatte, begann den Bau im Jahre 1344 nach Art jener Gotteshäuser, wie sie in Südfrankreich erhalten geblieben sind, und denen man später das treffende, wenngleich wenig schmeichelhafte Etikett „Doktrinärgotik" angehängt hat. Als Matthias 1352 starb, arbeiteten seine Steinmetzen zwar weiter, aber vier Jahre später kam mit dem jungen Peter Parler ein Baumeister nach Prag, dessen Wirken der Veitsdom seinen Ruf als „Schlüsselbau" der späteren Gotik verdankt. Besonders der Chorschluß zeugt von dem verblüffenden Einfallsreichtum dieses Meisters. Er variiert die bekannten Grundformen des Maßwerks zu immer neuen Mustern, und die filigranen Details an Stre-

bebögen, Ziergiebeln und Wimpergen scheinen aller Sprödigkeit des Steins zu spotten. So entstand ein reizvoller Gegensatz zur erdenschweren Nüchternheit und trockenen Lineatur des Kapellenkranzes, der noch von Parlers Vorgänger stammt. Die Südseite des Chors hat mit der Goldenen Pforte und der äußerst originellen Vorhalle eine besondere Auszeichnung erfahren. Ein prächtiges, derzeit leider sehr ausgeblichenes Glasmosaik trägt das Seine zu diesem Eindruck bei. Unten an den mittleren Bogenhüften stellt es den Kaiser selbst dar − er kniet seiner (vierten) Gemahlin Elisabeth von Pommern gegenüber.

Auch dem Inneren des Veitsdoms hat Peter Parler seinen Stempel aufgedrückt. Hier ist es vor allem die Decke des Chors, die eine ganz neuartige Gestaltung erfährt. Ihr Konstruktionsprinzip bricht mit der Tradition des Rippengewölbes. Eine durchgehende Längstonne bildet den Wölbungsgrund, in den von der Seite her Stichkappen einschneiden. Damit muß sich das Rippenmuster nicht mehr an den statischen Notwendigkeiten orientieren. Parler hat diese neu-

Der Prager Fenstersturz vom 23. Mai 1618. Vertreter der mehrheitlich protestantisch gesinnten Böhmischen Ständevertretung warfen die verhaßten Statthalter des Kaisers aus dem Hradschin in den Burggraben. Diese rauhe Maßnahme leitete den Dreißigjährigen Krieg ein. Stahlstich des 19. Jahrhunderts.

gewonnene Freiheit so genutzt, daß er gerade diesen Unterschied zum alten System durch die Verwendung von dessen Hauptkennzeichen betonte. Doch sitzt — um nur ein Beispiel zu nennen — der herkömmliche Schlußstein nicht mehr in der Jochmitte, um dort die Gewölberippen aufzunehmen, sondern er bezeichnet jetzt den (vormaligen) Scheitelpunkt der Gurtbögen. Peter Parler war überdies ein außergewöhnlicher Bildhauer. Davon geben die berühmten Büsten der Triforiumsgalerie eindrucksvoll Zeugnis. Diese Bildnisse — unter ihnen auch das Karls IV. und des Meisters selbst — sind von einer Lebenswahrheit, die schon auf das Porträt vorausweist, jedenfalls aber von der bisher verbindlichen Starrheit der Pose wie von der Formelhaftigkeit des Ausdrucks abweicht.

Noch viele Ausstattungsteile der Kirche wären einer Beschreibung wert: das spätgotische Königliche Oratorium etwa, die qualitätvolle Plastik des Habsburger Mausoleums (entstanden zwischen 1566 und 1589) oder der ungeheuer prunkvolle Reliquienaltar des Johannes von Pomuk, ein repräsentatives Werk der Barockzeit. Sie alle werden jedoch an Bedeutung und künstlerischem Rang von der Wenzelskapelle überragt. Diese Kapelle über quadratischem Grund, eigentlich ein Bau im Bau, ist in mancherlei Hinsicht das Zentrum des Doms. Nach dem Willen Karls IV. sollte sie das Grabmal des Přemyslidenfürsten Wenzel aufnehmen, der nicht nur wegen seines Märtyrertodes, sondern vor allem als Gründer des christlichen Böhmen verehrt wurde. Als böhmischer König sah sich Karl in der Nachfolge Wenzels, die Kapelle sollte also zweifellos auch den Herrschaftsanspruch seines Geschlechts unterstreichen. Aus der Kapelle führt denn auch eine Tür zur Kronkammer, in der die Insignien des Königreichs Böhmen aufbewahrt wurden.

Viele Besucher drängen sich vor den Absperrseilen der Kapelle, um die prächtige Wandverkleidung des Raumes zu bewundern. In der unteren Zone faßt der vergoldete Stuck Halbedelsteine wie Karneole, Achate und Amethyste; das Kreuz ist sogar aus Smaragden zusammengesetzt. Die Wandmalereien eines böhmischen Meisters

(entstanden 1372—1373) zeigt die Leidensgeschichte Christi. Die farbenfrohen und erzählfreudigen Fresken oberhalb des Wandsimses sind jünger. Der Meister des Leitmeritzer Altars schuf sie. Das wertvollste Kunstwerk der Kapelle ist jedoch die zwei Meter hohe Statue des Märtyrers Wenzel aus Plänerkalk. Heinrich Parler hat hier das Idealbild eines Heiligen erstehen lassen, eine Jünglingsgestalt von melancholisch-schöner Entrücktheit.

Der Königspalast steht an Bedeutung hinter dem Veitsdom zurück. Immerhin verfügt er im Ludwigsflügel über eine wahrhaft geschichtsträchtige Lokalität. Am 23. Mai 1618 drangen hier protestantisch gesinnte Adlige ein und warfen die verhaßten Statthalter des habsburgischen Landesherrn kurzerhand auf solch ruppige Art aus der Böhmischen Kanzlei, daß dieser Rausschmiß als „Prager Fenstersturz" in die Annalen der Geschichte eingegangen ist. Von einem der „Defenestrierten", dem Grafen Vilem Slavata, haben wir einen Bericht über die dramatischen Ereignisse und ihr glimpfliches Ende: „Graf Martinic stürzten sie mit dem Kopf voraus in die Tiefe des Schloßgrabens. Aber er ist, nachdem er im Herabfliegen unaufhörlich die Namen ‚Jesus, Maria' gerufen hat, so leise auf die Erde gesunken, als wenn er sich setzen täte. (...) Graf Slavata hat sich an dem steinernen Gesims des unteren Fensters angestoßen und ist auf der Erde mit dem Kopf noch auf einen Stein gefallen, aber er hat sich dennoch bis in die Tiefe des Grabens heruntergekaulet."

Indessen war die wunderbare Rettung der beiden habsburgtreuen Grafen keineswegs ein günstiges Vorzeichen für den weiteren Gang der Dinge. Denn die Auseinandersetzung zwischen den böhmischen Ständen

und dem Kaiser war nur der Auftakt zu einem der fürchterlichsten Kriege Europas. Am Ende des Dreißigjährigen Ringens (1618—1648) war nicht nur der Traum von der „böhmischen Freiheit" ausgeträumt und die Reformation niedergekämpft, auch die Bevölkerung des Landes hatte sich um ein Drittel vermindert. Noch im Jahre 1656 standen in Prag die Hälfte der Wohnungen leer.

Auch der Königspalast besitzt einen Raum, der einen Höhepunkt gotischer Kunst darstellt: den Vladislav-Saal. Allein durch seine Abmessungen wirkt er überwältigend: 16 Meter Breite bei nicht weniger als 62 Meter Länge und 13 Meter Höhe nennt dieser Raum sein eigen. Seinen Ruhm verdankt der Saal aber nicht diesen gewaltigen Ausmaßen, sondern seiner Decke. Ihr Gewölbe steht den kühnsten Konstruktionen eines Peter Parler keineswegs nach, und nicht zu Unrecht gilt ihretwegen der Vladislav-Saal als bedeutendster gotischer Profanraum diesseits der Alpen. Seinen Namen hat er übrigens von Vladislav Jagiello (1471—1516). Mit diesem böhmischen König aus dem polnischen Geschlecht der Jagiellonen hielt erstmals nach langer Zeit ein Landesregent wieder Einzug in den Palast. Er beauftragte seinen Baumeister Benedikt Ried mit einer würdigen Neugestaltung des Herrschersitzes, und dieser schuf daraufhin den Vladislav-Saal, in dessen grandiosem

Greueltaten der kaiserlichen Truppen an protestantischen Böhmen nach der Schlacht am Weißen Berg (8. 11. 1620).
Nach einem Gemälde von Karel Svoboda (19. Jahrhundert).

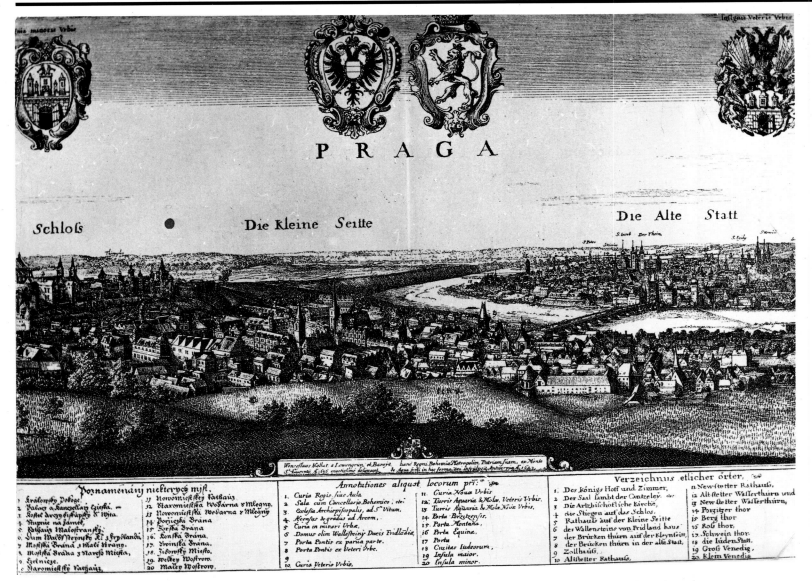

Netzgewölbe mancher Betrachter einen Vorgriff auf das Barock gesehen hat.

973, im Jahr der Gründung des Prager Bistums, wurde das St.-Georgs-Kloster als Böhmens ältestes Frauenkloster gestiftet. Die Klostergebäude selbst beherbergen heute die vorzüglichen Sammlungen der Nationalgalerie zur böhmischen Kunst von der Gotik bis zum Barock, worunter sich auch die herrlichen Tafeln des Hohenfurther Altars befinden. Das Gotteshaus des Klosters hat zwar eine frühbarocke Fassadenverkleidung erhalten, doch dahinter blieb der wichtigste romanische Kirchenbau Prags bis auf den Chor vollständig erhalten.

Eine weitere Lokalität zieht oben auf der Burg die Besucher geradezu magisch an.

Häufig herrscht im Goldenen Gäßchen drangvolle Enge, die angesichts der Traulichkeit dieser Stätte um so absurder wirkt. Dabei zeugen die winzigen Häuschen — eines davon bot Franz Kafka für kurze Zeit ein nächtliches Schreibasyl — von einer eher häßlichen sozialen Wirklichkeit. Zur Zeit Kaiser Rudolfs II. waren sie die Behausungen der Burgschützen. Ihre Dienste bezahlte der Herrscher jedoch so erbärmlich, daß er seiner Wachmannschaft wohl oder übel Nebentätigkeiten gestatten mußte. Für komfortablere Unterkünfte hat es trotzdem nicht gereicht. Immerhin wurde die Adresse unter der Burgmauer bald zum Geheimtip bei den Prager Handwerkern, die sich hier oben nicht dem Diktat der städtischen Zünfte beugen mußten. Die lokale Tradition will außerdem wissen, daß hier auch die Alchimisten wohnten. Die allseits hofierten Goldmacher hätten die Zumutung, in solchem Gewinkel leben zu müssen, aber sicher verächtlich abgelehnt.

Selbst der Autor eines Prag-Bandes muß damit rechnen, daß der ständig benutzte Superlativ die eigene Glaubwürdigkeit herabsetzt und beim Leser eher Überdruß hervorruft. Es hilft aber nichts: Zahlreiche Fachgelehrte bezeichnen das Lustschloß der Königin Anna im Königlichen Garten als den schönsten Renaissancebau diesseits der Alpen. Im Jahr 1538 begann unter der Leitung des Genueser Architekten Paolo della Stella die Arbeit an diesem Bau, unter Bonifaz Wolmut wurde sie 1556 vollendet. Auf Wolmut geht auch die spektakuläre Dachlösung zurück, und die Form eines mit dem Kiel nach oben gedrehten Schiffsrumpfs sollte für manche späteren Dächer der Hauptstadt verbindlich werden.

Ausschnitt aus der Prag-Ansicht Wenzel Hollars (1607–1677). Auch er mußte nach der Schlacht am Weißen Berg seine böhmische Heimat verlassen, gelangte aber als Kupferstecher in der Fremde zu großem Ruhm.

Die Hradschin-Vorstadt erhielt erst 1320 durch ihren Grundherrn, den Burggrafen, die städtischen Privilegien. Vielleicht wäre sie immer ein bloßes Anhängsel der Burg geblieben, wenn nicht die Feuersbrunst von 1541 Gelegenheit geboten hätte, hier ohne Rücksicht auf gewachsene Strukturen die prächtigsten Paläste hochzuziehen. Es versteht sich, daß diese Chance weidlich genutzt wurde.

So geschehen am Hradschiner Platz (Hradčanské nám.), wo das Gegenüber von Erzbischöflichem und Schwarzenberg-Palais den ersten Burghof würdig flankiert. Dem heutigen Sitz des Erzbischofs ging ein nur siebenachsiger Bau voraus, für den der Franzose Jean Baptiste Mathey die Pläne zeichnete. Heute präsentiert sich die Schaufront des Palastes um jeweils eine Fensterachse erweitert, und auch die strenge Gliederung des Mathey-Projekts ist einer versöhnlicheren Dekoration gewichen. Der Architekt Johann Joseph Wirch hat 1765 bereits Schmuckelemente verwendet, die nicht mehr dem Barock, sondern bereits dem Rokoko zugehören.

Weniger freundlich und stärker auf die repräsentative Wirkung berechnet ist die Architektur des Schwarzenberg-Palais. Die imposante Anlage entstand zwischen 1545 und 1563, die vollständige, wenngleich nur ornamentale Verzierung der Außenmauern mit Sgraffiti läßt auf den gestalterischen Ehrgeiz des Bauherrn, mindestens auf seine beträchtlichen finanziellen Mittel schließen. Da im Palais das Heeresgeschichtliche Museum untergebracht ist, kann der Besucher auch das Innere in Augenschein nehmen. Seine großzügigen Treppenaufgänge und die festlichen, hellen Säle machen den Bruch mit gotischen Baugewohnheiten vollends deutlich. Auch die Themen der Deckengemälde — sie kommen aus der griechischen und römischen Mythologie — sind typisch für die neue Epoche.

Der Loreto-Platz (Loretánské nám.) hat mit dem gewaltigen Černín-Palais und der Wallfahrtsstätte Maria Loreto zwei ebenso weitläufige wie ambitionierte Baukomplexe aufzuweisen. Maria Loreto entstand um die kleine, erst später prächtig stukkierte Casa Santa herum. Zu ihrem heutigen Erscheinungsbild haben die fähigsten Barockkünstler Prags beigetragen. Der Vierflügelbau ist ein Gemeinschaftswerk von Vater und Sohn Dientzenhofer, wobei vor allem der Glockenturm des Fassadentraktes die Handschrift des Jüngeren trägt.

Während gerade die Platzfront von St. Maria Loreto, vor allem die verspielten Putten des Vorhofgeländers, schon in manchem dem Rokoko nahestehen, repräsentiert das Černín-Palais eine besonders unversöhnliche Spielart der Barockarchitektur. Der massige Bau hat etwas Gewalttätiges, und so kolossal wie er selbst waren auch die Summen, die seine Errichtung verschlungen hat. Der hohe Sockel aus Diamantquadern allein wirkt einschüchternd auf den Betrachter, auf Überwältigung sind auch die ungeheuren Säulen darüber berechnet. Entscheidend für den wahrhaft niederschmetternden Gestus aber dürfte wohl die monumentale Einförmigkeit sein, die über die gesamten 150 Fassaden-Meter nicht das kleinste Zugeständnis an das Abwechslungsbedürfnis des Auges macht.

Das Kloster Strahov wird schon durch seine herrliche Lage ausgezeichnet. Der Gründungsbischof hat es im Jahre 1140 sogar mit dem Zionskloster verglichen (und folgerichtig Prag mit Jerusalem). Tatsächlich liegt es im Sattel zwischen Burgberg und Petřín, und die Lehnen beider Erhebungen sind bis weit hinauf mit Obstbäumen bepflanzt. Wenn es im Frühjahr auf der Blütengischt wie ein Schiff zu fahren scheint, bietet das Kloster seinen schönsten Anblick. Im Jahre 1142 kamen Prämonstratenser aus dem Eifel-Kloster Steinfeld nach Prag. Mit ihnen begann die große Zeit Strahovs, das auch eine weithin berühmte Schreibstube sein eigen nannte. Daß sich das Kloster gerade dieser Tradition immer verpflichtet gefühlt hat, bezeugen der Theologische, vor allem aber der Philosophische Saal seiner Bibliothek überaus eindrucksvoll. Für letzteren schuf der damals schon zweiundsiebzigjährige Franz Anton Maulpertsch (1724–1796), der vielleicht größte Freskomaler des österreichischen Barocks, ein staunenswertes Deckengemälde. In recht kühlen Farben setzte er hier ein sehr ambitioniertes Programm um: Es entstand so etwas wie ein geistesgeschichtliches Panoramabild, das — schon unter dem Horizont der Aufklärung — „das Ringen der Menschheit um das Erkennen der wahren Weisheit" darstellt.

Ein besserer Ort als Strahov hätte sich also für ein Museum der tschechoslowakischen Literatur schwerlich finden lassen. Dieses Museum, dem sich weltweit kaum eine vergleichbare Institution an die Seite stellen läßt, zeigt ebenso lehr- wie aufschlußreich, welch bedeutende Rolle Literatur im Leben eines jeden Volkes spielen kann. Die weitere Ausstellung ist zur Zeit noch in Frage gestellt, weil der Prämonstratenserorden Strahov wieder beansprucht.

D ie
Stadt als Dachlandschaft:
Blick vom Kleinseitner
Brückenturm auf Kleinseite
und Hradschin. Kuppel und
Turm im Mittelgrund
gehören zur St.-Thomas-
Kirche.

A_m

Veitsdom auf dem Hrad-
schin finden in luftiger
Höhe die Neogotik der
westlichen Doppelturm-
fassade und der Barock des
südlichen Turmhelms
zusammen.

E ine
Beleuchtung ganz im Sinne
des Bauherrn: Die Wenzelskapelle im Veitsdom als Ort
mystischer Erhöhung und
politischer Symbole. Kaiser
Karl IV. ließ mit diesem
Heiligtum ein Abbild der
Gottesherrschaft erstehen,
als dessen Vorkämpfer er
sich selbst und sein
Geschlecht sehen wollte.

Ehrenhof und frühbarockes Matthiastor: ein glänzendes Entree zur Burg, wo auch heute noch der Präsident dieses Landes residiert.

Hin-
ter solch vornehmer Fassade
residiert der Erzbischof der
Prager Diözese. Dieses
herrliche Palais, das
1764/65 im Geist des
Rokoko umgestaltet wurde,
steht in unmittelbarer Nähe
der Burg.

So
menschenleer ist das Gol-
dene Gäßchen selten. Nach
all der großen, womöglich
einschüchternden Kunst,
strömen die Burg-Besucher
scharenweise in dieses
schnuckelige Ambiente.
Was heute allgemein ent-
zückt, eben die Spielzeug-
größe der Häuser, war für
die ersten Bewohner freilich
nur der ganz unromantische
Ausdruck ihres materiellen
Elends.

Für die Neustadt muß sich der Prag-Besucher Zeit nehmen. Die Sehenswürdigkeiten liegen hier weiter auseinander, und seine Streifzüge führen manchmal auch durch recht abgasträchtigen Autoverkehr. Nichtsdestoweniger bietet allein die Neustadt Attraktionen, um die Denkmalpfleger unserer Städte Prag beneiden. Kein Zweifel also: Die längeren Wege lohnen sich. Sie lohnen sich übrigens auch deshalb, weil sie doch mehr von der Lebenswirklichkeit dieser Stadt zeigen als die Spaziergänge durch den historischen Kern . . .

Der breite, aber auch langgestreckte Wenzelsplatz (Václavské nám.) teilt die Neustadt in eine obere und eine untere Hälfte. Wenn sich der beeindruckte Neuankömmling vergegenwärtigt, daß die außerordentlichen Dimensionen dieses Platzes schon bei der Neustadtgründung Anno 1348 festgeschrieben wurden, dann bekommt er eine Ahnung davon, mit welchem Ehrgeiz Kaiser Karl IV. dieses städtebauliche Projekt angegangen sein muß. Es hat in der Tat zu seiner Zeit keine anspruchsvollere Planung dieser Art gegeben, und noch im 18. Jahrhundert existierten hier viele unbebaute Flächen. Erst der steile Anstieg der Einwohnerzahlen während der zweiten Hälfte des 19. Jahrhunderts verlieh der Neustadt ein durchgängig urbanes Gepräge.

60 Meter ist der Wenzelsplatz breit und 680 Meter lang. Gegen das Nationalmuseum, dessen Bau (1885–1890) ihn wie eine riesige Gloriette abschließt, steigt er leicht an. Seiner Ausmaße und natürlich auch seiner zentralen Lage wegen fanden hier seit 1848 fast alle großen politischen Kundgebungen statt. Wir erinnern uns an die Demonstrationen des Jahres 1989, mit denen die Verabschiedung der kommunistischen Machthaber zuerst erzwungen und dann gefeiert wurde.

Seinen heutigen Namen hat der einstige Roßmarkt nach dem tschechischen Nationalheiligen und Přemyslidenherzog Wenzel. Sein Standbild von der Hand Josef Václav Myslbeks (1848–1922) wurde hier allerdings erst im Jahre 1912 aufgestellt. Unter den Fassaden gibt es einige bemerkenswerte Beispiele der Jugendstilarchitektur, allen voran das Hotel Europa (Nr. 29). Früher lagen die interessantesten Geschäfte am Wenzelsplatz oder doch in seiner näheren Umgebung. Wer böhmisches Kristallglas oder Porzellan, wer die rühmlich bekannten einheimischen Bijouterien kaufen wollte, der fand sie, ebenso wie alte Graphiken oder Bücher, am Wenzelsplatz. Heute ist das Angebot reicher und vielfältiger. Aber die Adressen der jeweiligen Geschäfte ändern sich jetzt so schnell, daß sich Empfehlungen oder Tips — jedenfalls vorerst — nicht mehr aussprechen lassen.

Vom Fuß der Freifläche hin zum Platz der Republik biegt die Straße Na příkopě (Auf dem Graben) ab. Einst beliebter Korso der in Prag lebenden Deutschen, wurde sie in den Schriften von Egon Erwin Kisch und Friedrich Torberg verewigt. Das schönste Gebäude am Graben ist das Palais Sylva-Taroucca (Nr. 10), zu dem noch Kilian Ignaz Dientzenhofer die Pläne geliefert hatte.

Das tschechische Pendant zum Graben auf der anderen Seite des Wenzelsplatzes war die Národní třída (Nationalstraße). Hier promenierte sonntags die tschechische Bevölkerung Prags. Ihr architektonisches Prunkstück liegt am Ende der Straße am Moldauufer: Mit dem Nationaltheater erhebt sich dort das repräsentative Gebäude der tschechischen nationalen Bewegung schlechthin. Am 18. November 1883 mit Smetanas Oper „Libuse" eröffnet, vereinigte diese „Goldene Kapelle über der Moldau" die Werke der namhaftesten bildenden Künstler.

Im Schatten der jüngeren Bebauung des Wenzelsplatzes liegt die Kirche Maria Schnee, die eigentlich das größte Prager Gotteshaus hätte werden sollen. 1397 war ihr Chor vollendet — und damit hatte es dann fast sein Bewenden. Ihr Turm fiel überdies den Wirren der Hussitenkriege zum Opfer. Geblieben ist ein imposanter Torso, dessen gewaltiger Hauptaltar zu den bemerkenswertesten der Metropole gehört.

Von der Kirche führt die Jungmannova zum Karlsplatz (Karlovo nám.), an dem das Neustädter Rathaus und die jesuitische St.-Ignatius-Kirche liegen. Der historische Mittelpunkt dieses Stadtteils wird also auch durch die Architektur ausgezeichnet. Vom ursprünglichen Bau des Rathauses blieb die zweischiffige Eingangshalle erhalten. Der Sitz des Stadtregiments wurde jedoch durch die Hussitenkämpfe, die hier besonders heftig tobten, arg mitgenommen. So kam das Rathaus erst 1456 zu seinem Turm, und auch später haben Um- und Erweiterungsbauten sein Gesicht immer wieder verändert.

Die Ignatiuskirche war das Gotteshaus des Jesuitenkollegs. Im Zentrum der Neustadt haben die mächtigen Bauherren hier wieder einmal einen privilegierten und vor allem sehr großen Bauplatz beansprucht. Die qualitätvolle Fassade stammt noch aus der Frühzeit des Barock (um 1670 vollendet), allerdings kam die Vorhalle erst knapp dreißig Jahre später hinzu. Sie betont an der Schaufront das Moment der Plastizität — ein Aspekt barocken Bauens, der in Prag durch die schwingenden Fassaden der Dientzenhofers repräsentiert wird.

In der Verlängerung des Karlsplatzes liegen an der Vyšehradská die Kirche St. Johann am Felsen und das Emmaus-Kloster schräg gegenüber. Das Gotteshaus zeigt noch einmal Kilian Ignaz Dientzenhofer auf der Höhe seiner Kunst. Wie er die Kirche an ihrem baulich problematischen Standort (ursprünglich in der Tat ein Fels) präsentierte, welch originale Variante er für das Schema der Doppelturmfassade fand, das beweist den sicheren Blick des Meisters für die Korrespondenz von Architektur und ihrer Umgebung ebenso eindrucksvoll wie seinen schöpferischen Umgang mit dem Formenkanon der Epoche.

In eine andere Zeit führt das Emmaus-Kloster. Seine Gründung geht, wie die vieler Prager Bauten, auf Kaiser Karl IV. zurück, der im Fall dieses „Slavenklosters" ein politisches Ziel im Auge hatte: Er wollte die Beziehungen zu den Territorien Südosteuropas verbessern. Im Jahre 1353 hielten hier Benediktinermönche aus Kroatien Einzug.

Die bewegte Baugeschichte des Klosters endet genaugenommen erst in der Nachkriegszeit, als man dem Gotteshaus sein eigenwilliges Dach gab.

Die Malereien im Kreuzgang des Klosters sind eingehender Betrachtung wert: Sie zählen zu den bedeutendsten Zeugnissen gotischer Kunst in Böhmen. Zwar hat der Luftangriff des Jahres 1945 viele Bilder stark in Mitleidenschaft gezogen, dennoch künden die erhaltenen von der außerordentlichen Meisterschaft der beteiligten Künstler. Die Wandfläche ist in zwei Ebenen eingeteilt. Oben wird meist eine Szene aus dem Neuen Testament vergegenwärtigt, der in der Ebene darunter zwei Geschehnisse aus dem Alten Testament zugeordnet sind.

Auf der Höhe lassen sich die Besuche der eigentümlichen Karlskirche, des Dvořák-Museums in einem wunderschönen Dientzenhofer-Palais und der Gaststätte „U Kali-

Historische Fotografie
des Wenzelsplatzes von
1894. Dem Platz fehlte
damals noch das
berühmte Reiter-Standbild.

cha" zu einem lohnenden Spaziergang verbinden. Das Lokal, in der Straße „Na bojišti" gelegen, gibt endlich Gelegenheit, von der berühmtesten literarischen Figur Prags zu sprechen: dem Schwejk. In Hašeks berühmtem Roman wird der „Kelch" erwähnt. Jaroslav Hašek (1883–1923) war ein souveräner Kenner solcher Lokalitäten, und an Durchtriebenheit konnte er es mit seiner Romanfigur allemal aufnehmen. Schwejk ist in den westlichen Feuilletons allzu häufig zur Chiffre für den Tschechen geworden, der sich unter der Fuchtel des realen Sozialismus mit subversivem Witz behauptet.

Hašek selbst trat 1918 in die KPdSU und Rote Armee ein und leitete zuletzt stellvertretend die politische Abteilung der fünften sibirischen Armee. Ob er diese Funktion genauso ernst genommen hat wie später die Gründung der „Partei des gemäßigten Fortschritts im Rahmen der geltenden Gesetze", muß dahingestellt bleiben.

Es gibt noch eine Burg in Prag, weniger bekannt als der Hradschin, doch kaum weniger geschichtsträchtig. Jedenfalls hüllen die ältesten Sagen Böhmens ein dichteres Gespinst um den Vyšehrad. Er thront südlich über der Neustadt, sein Berg fällt gleich einer Felswand zur Moldau hin ab. Weithin sichtbar ist die Doppelturmfassade seiner neogotischen Kirche Peter und Paul, deren heutige Architektur ihrer großen Tra-

dition leider nicht entspricht ... Den Berg hat die Sage mit den Anfängen Böhmens eng verknüpft. Hier soll nämlich Libussa, die Stammutter aller Tschechen, ihren Wohnsitz gehabt haben. Bekanntlich murrte das Volk − damals schon genauso schlecht beraten wie heute − gegen ihre weise und gütige Herrschaft. Libussa erwählte sich einen schlichten Landmann zum Gemahl, eben jenen Přemysl, der das Fürstengeschlecht der Přemysliden begründete. Libussa war es auch, die in einer häufig zitierten, mehrmals dichterisch nachempfundenen Prophezeiung der Stadt Prag eine große Zukunft voraussagte.

Wohl wegen der Libussa-Sage hält sich bis heute hartnäckig das Gerücht, der Vyšehrad sei die ältere der beiden Prager Burgen. Dagegen sprechen jedoch alle historischen und archäologischen Fakten, die einen Beginn des hiesigen Burgenbaus um das Jahr 930 nahelegen. Später allerdings war sie für etliche Jahrzehnte Fürstensitz, und die Přemysliden zeichneten den Vyšehrad auch in der Folgezeit aus. Bei der (um 1100 gegründeten) Kirche St. Peter und Paul entstand ein bedeutendes Stiftskapitel, und noch Karl IV. legte fest, daß von hier der Weg zur Krönungszeremonie ausgehen müsse. Damals war der Burgbezirk schon zu einer Priesterstadt geworden, und die Wehranlage hatte nur noch geringe Bedeutung. Sein heutiges Gesicht erhielt der Berg mit seinem Ausbau zur Festung, der schon im 17. Jahrhundert begann und im 19. abgeschlossen wurde.

Auf dem Vyšehrad gibt es ein Denkmal besonderer Art, den Slavín. Dieses Grabmal erhebt sich hoch über dem Ehrenfriedhof, auf dem auch der Komponist Antonín Dvořák bestattet ist. Im wahrhaft monumentalen Slavín wurde der von Rilke verehrte Dichter Julius Zeyer bestattet, aber auch die Bildhauer Josef Václav Myslbek, Jan Štursa, Ladislav Šaloun sowie die Maler Vojtěch Hynais und Alfons Mucha fanden im Mausoleum unter dem Ehrenmal ihre letzte Ruhestätte.

Kloster Strahov mit der Portalfront seiner Kirche Mariä Himmelfahrt. Die lateinische Umschrift über dem Giebelfeld lautet übersetzt: „Ich sehe das Lamm über dem Berg Zion." Sie bezieht sich auf einen Ausspruch des Gründungsbischofs Heinrich Zdík, der 1140 die Ähnlichkeit Prags und Jerusalems feststellt und dann fortfährt: „Auf solchem Gebirge und Höhe ist ein vortreffliches Kloster, so auf dem Berg Zion genennet, und liegt über der Stadt Jerusalem wie Strahov über Prag."

I m Inneren der
Kirche Mariä Himmelfahrt
(Kloster Strahov) ist das
Auge des Betrachters von
der opulenten Ausstattung
beinahe überfordert. Fresken an Decken und Wän-
den, gerahmt von üppigen
Stuckdekors, die Vielzahl
der halb ins mystische Dunkel der Seitenschiffe
getauchten Altäre, geben ein
grandioses Schauspiel
barocken Gotteslobs.

Die Platzfront von Loreto in der Hradschin-Vorstadt. Der großartige Dachaufbau dieser Wallfahrtsstätte hat schon ein wenig vom spielerischen Geist des Rokoko.

Daß Prag auch in den entlegeneren Stadtteilen keineswegs nur Industriekomplexe und Plattenbausiedlungen zu bieten hat, kann nicht nachdrücklich genug betont werden. Parks wie die Stromovka oder die herrliche Anlage von Průhonice sind ein ideales Ergänzungsprogramm zum Pflastertreten in der Innenstadt. Zuweilen lassen sich Kunst- und Naturgenuß aufs schönste miteinander verbinden.

Das gilt auch für die Bertramka in Smíchov, wenn auch der Mozart-Verehrer auf dem Weg hierher Fabrikgelände der trostlosesten Art passieren muß. Smíchov, das heißt wörtlich übersetzt „Lachende Au", und diesem Namen hat der Ort vor seiner Industrialisierung und Eingemeindung alle Ehre gemacht. Die adligen Familien Prags hatten hier draußen ihre Lustschlößchen, einer dieser Landsitze gehörte dem Ehepaar Dušek. Franz Xaver Dušek war ein bekannter Komponist und Pianist, und seine Frau Josefina gehörte zu den gefeierten Sängerinnen der Zeit. Daß ausgerechnet die Idylle ihres Landhauses die Metamorphose Smíchovs so unversehrt überstanden hat, verdankt sie nicht zuletzt einem Gast der beiden Musiker: Wolfgang Amadeus Mozart. Dreimal hat er sich ins Refugium der Bertramka zurückgezogen. Hier hat er die Ouvertüre zum „Don Giovanni" komponiert. Heute ist das stattliche Landhaus mit dem romantisch verwilderten Park eine Mozart-Gedenkstätte, die natürlich Zeugnisse des überaus herzlichen Einvernehmens der Prager mit dem „großen und geliebten Tonkünstler" (so die Prager Oberpostamtszeitung 1787) ausstellt.

Nicht weit voneinander entfernt liegen im Prager Westen Schloß Stern und die Wallfahrtskirche der Siegreichen Jungfrau Maria. Zwischen beiden dehnt sich der Kampfplatz jener denkwürdigen Auseinandersetzung, die als Schlacht vom Weißen Berg in die Geschichtsbücher eingegangen ist. Schloß Stern entstand jedoch schon vor die-

sem blutigen Ereignis. In seinem Erscheinungsbild über dem Grundriß eines regelmäßigen sechszackigen Sterns zeigen sich wohl Anklänge an den Festungsbau der italienischen Renaissance, doch hat dieses Jagdschloß inmitten eines ausgedehnten Wildgeheges einen ganz eigenen, ja eigenwilligen Charakter. Die Disposition der Räume war bei der originellen sternförmigen Architektur natürlich heikel. So gruppieren sie sich — jedenfalls im Erdgeschoß — als sechs durch Gänge getrennte Rauten um einen zwölfeckigen zentralen Saal. Von hohem ästhetischem Reiz sind die Stukkaturen, mit denen die Italiener Giovanni Cam-

pione und Andrea Avostalis del Pambio diese Räumlichkeiten seit 1556 schmückten. Die inspirierten und zarten Reliefs gehören zum wertvollsten Erbe der Renaissance in Mitteleuropa. Sie zeigen großenteils Szenen aus der antiken Geschichte und Mythologie.

Wolfgang Amadeus Mozart (1756–1791). Dieses unvollendete Ölbild malte Joseph Lange im Jahre 1782/83 von dem 26jährigen Komponisten.

Der großzügige, in seinen Randbereichen wieder zum Wald gewandelte Park um das Schloß steht Spaziergängern offen. Diese Bauminsel inmitten einer weiten Feldflur wird noch heute von einer hohen Mauer umgeben, die dem Wild einst das Entkommen unmöglich und den Jägern das Waidwerk bequemer machte. Jagdszenen ganz anderer Art fanden knapp außerhalb dieses Mauerrings statt: die letzten Gefechte der Schlacht am Weißen Berg. Der „Berg", auf dem am 8. November 1620 das kaiserliche Heer und die Truppen Friedrichs V. von der Pfalz zusammentrafen, ist eher ein hochgelegenes Plateau. Gut ein Jahr vorher hatten die Stände der Krone Böhmens Friedrich zum König gewählt. Die Schlacht, eigentlich nur ein „Scharmützel" von gerade einer Stunde Dauer, sah die Kaiserlichen als triumphale Sieger. Friedrich aber flüchtete Hals über Kopf aus dem Hradschin und muß sich heute in den Geschichtsbüchern den spöttischen Beinamen „Winterkönig" gefallen lassen.

Diesem Sieg der katholischen Sache, der für Böhmen so schwerwiegende Folgen hatte, ist die Wallfahrtskirche Maria vom Siege gewidmet. Das Gotteshaus konnte allerdings erst 1714, die gesamte Anlage gar erst 1729 geweiht werden. Vielleicht ist gerade dank des großen zeitlichen Abstands keine typische barocke Triumpharchitektur entstanden, sondern eine dieser freundlichen Wallfahrtsstätten, wie sie das ländliche Böhmen auszeichnen.

Der letzte Ausflug soll in den Prager Norden führen, wo über Schloß Troja noch Wein angebaut wird. Jean Baptiste Mathey entwarf hier für den Grafen Adalbert von Sternberg eine Sommerresidenz, die der barocken Architektur bereits eine klassizistische Note gibt. Matheys Rückgriffe auf den Formenkanon der Renaissance waren in Frankreich schon während der letzten Regierungsjahre Ludwigs XIV. nicht ungewöhnlich. Der Besucher sollte nicht mehr durch die herrische Geste niedergedrückt, sondern durch kühle Noblesse distanziert werden.

Im Unterschied zu den traditionellen französischen Palaisbauten ist Schloß Troja jedoch nicht zu einem Ehrenhof, sondern zum Garten hin orientiert. An der Gartenseite befindet sich auch das eigentliche Prunkstück des Residenz: die Freitreppe. Ihr weitausgreifendes Oval wird von zahlreichen Skulpturen geschmückt. In der Tiefe ihres Zentrums befinden sich die klassischen Verlierer der Mythologie, die gegen den neuen Götterhimmel aufbegehrenden Giganten. Dorthin wurden sie wie in den Orkus hinabgestürzt. Das gesamte Skulpturenprogramm auf beiden Treppenbrüstungen folgt einer eindeutigen, wenngleich statischen Dramaturgie. Die Darstellungen der griechischen Götter, die Allegorien der Erdteile, Tageszeiten und Elemente bilden ein geschlossenes Ganzes, dessen einzelne Bildwerke ebenso wie das Gesamtkonzept viel Sinn für Theatralik verraten.

Leicht abgewandelt greift der Große Saal des Schlosses die Thematik des Gigantenkampfes wieder auf. Die Szene in diesem „Kaisersaal" feiert das Haus Habsburg: seinen glanzvollen Aufstieg ebenso wie seine Triumphe über christliche und heidnische Widersacher. Der zweigeschossige Raum wurde zwischen 1691 und 1697 von dem Antwerpener Brüderpaar Godyn so opulent und mit derart satten Farben ausgemalt, daß er keinen Besucher unbeeindruckt läßt. Dahinter muß die Freskierung der anderen Räume durch Francesco und Giovanni Marchetti zurückstehen.

Troja bietet eigentlich alles, was das Herz eines ambitionierten Müßiggängers begehrt. Einen wunderschönen, inzwischen größtenteils rekonstruierten Barockgarten, in dem sich herrlich flanieren läßt, ein großartiges Schloß, dessen Reize sich in seiner Architektur längst nicht erschöpfen – und einen weitläufigen Zoologischen Garten, der dem Herrensitz genau gegenüberliegt. Wo könnte also der letzte Tag eines Prag-Besuchs besser und angenehmer verbracht werden als in Troja?

Schloß Troja. Die großartige Barocktreppe mit ihrem beziehungsreichen Skulpturenprogramm stammt von Johann Georg und Paul Heermann.

Ü

ber dem urbansten Platz der Metropole wacht sein Namenspatron. Der Wenzelsplatz ist die Drehscheibe des modernen Prag.

Über den Dächern von Prag: Im Vordergrund die Kuppel des Repräsentationshauses, eines Baus im historisierenden Jugendstil. Selbst hier oben herrscht noch eine Liebe zum Detail, die sich nicht darum kümmert, ob die Augen der Menschen weit unten sie überhaupt würdigen können.

D ie
„Goldene Kapelle über der
Moldau" wird das Natio-
naltheater (erbaut 1868–
1883) genannt. Die bedeu-
tendsten tschechischen
Künstler taten sich zusammen, um diesem vaterländischen Symbol ein repräsentatives Erscheinungsbild zu
verleihen.

Zu Großmutters Zeiten hat so manch volkstümliches Liedchen sie besungen, die böhmische Küche. Sie galt als reines Schlaraffenland aus Schweinsbraten und Gulasch, aus Buchteln und − das vor allem − aus Knödeln. Und wer gar das Glück hatte, ein „böhmisches Mädel" zu heiraten, der lebte zwar nicht gerade wie Gott in Frankreich, war aber auf eine Weise versorgt, die selbst den spindeligsten Jüngling nach kurzer Zeit zum gestandenen Mannsbild geraten ließ.

Ob auch der Prager Ehealltag von heute solche Metamorphosen zuläßt, muß dahingestellt bleiben. Jedenfalls ist die böhmische Küche in ihrem Ursprungsland − die politischen und ökonomischen Verhältnisse lassen es vermuten − von allen Nouvelle-cuisine-Stürmen unberührt geblieben. Man hatte andere Sorgen. Über die Wonnen dieser Kochkunst rümpfen deshalb nicht wenige Westler die Nase. Denn so anheimelnd die Namen auf der womöglich deutschen Speisekarte klingen − den oft schweren und kalorienträchtigen Gerichten ist nicht jedermanns Magen gewachsen. Das ändert sich, und die Köche in so manchem Restaurant verstehen es, ebenso gaumenschmeichlerische wie leichte Varianten der traditionellen Gerichte zuzubereiten.

Andererseits − was läßt sich gegen einen soliden Schweinsbraten mit Kraut einwenden, was gegen eine kroß gebratene Ente oder Gans? Dieses Geflügel kann hierzulande auf eine lange und reiche Tradition der Zubereitung zurückblicken. Auch die Wildgerichte werden allen − und sicher auch den noch heimlichen − Freunden eines herzhaften Mahls munden. Das Hauptthema der bodenständigen Küche aber bleibt doch der Knödel: ein Thema mit vielen Variationen. Es läßt sich durch die ganze Speisefolge hindurch abwandeln, hat in der Suppe ebenso seinen Platz wie an der Seite des Hauptgerichts. Seinen ganzen Charme aber entfaltet er als Nachspeise. Böhmische Obstknödel erinnern zuweilen auch die blasiertesten Feinschmecker an die verlorenen Paradiese der Kindheit. Rühmlichst bekannt sind auch die „Powidel"-taschen, gefüllt mit dem namengebenden Pflaumenmus.

Überhaupt spielen die Nachspeisen eine wichtige Rolle. Kenner behaupten, daß sich am Palatschinken das lukullische Niveau eines Kochs erkennen läßt. Danach ist eine gute Küche die, die der verhängnisvollen Neigung widersteht, diesen Eierkuchen mit immer mehr Früchten oder Vanilleeis zu überladen. Eigentlich sollte sogar die Sahne fehlen, sicher jedoch der Eierlikör darüber und die Schokoladenstreusel zuoberst. Hauchfein und ohne tumbe Accessoires muß er serviert werden, erst dann gibt er sich als der Palatschinken zu erkennen, den vom simplen Eierkuchen Welten trennen.

Zu jeder Tages- und Nachtzeit und zu jeder Gelegenheit trinkt man in Prag den goldgelben bittersüßen Becherovka, einen Kräuterschnaps, der aus mehr als zwanzig Kräutern nach einem sorgsam geheimgehaltenen Rezept destilliert wird und in Eichenfässern reifen muß. Im Jahre 1807 hat Jan Becher, ein deutscher Apotheker und Abkömmling einer alten Karlsbader Familie, diese Ingredienzen zum ersten Mal zusammengebraut. Heute nennt man den Becherovka-Betrieb die „13. Heilquelle Karlsbads". Der Genuß eines Gläschens soll den Liebhaber dieses Getränks eine ganze Gefühlsskala durchleben lassen: von anfänglichem Erschauern über lustvolles Entzücken bis zum wohligen Entspannen . . .

Im Verein mit dieser vergeistigten Köstlichkeit ist sicherlich das bodenständige und handfestere Bier − das „pivo", wie es in den slawischen Sprachen genannt wird − das Lieblingsgetränk der Prager. Auch in der Küche läßt es sich schmackhaft verwenden: Ein Böhmischer Biertopf etwa − gebratene Schweineschulter, geröstete Zwiebeln und Sellerie, mit Brot und Gewürzen und einem Liter Pilsener Urquell angesetzt eine Stunde im Ofen gegart − ist eine nahrhafte, wohlschmeckende und würzige Speise. Vor allem wird das Pilsener Bier aber natürlich in seiner Reinform getrunken. Es verdankt seine besondere Qualität dem außerordentlich weichen Wasser der Pilsener Quelle. Da ihre Lieferfähigkeit natürlich begrenzt ist, zum Pilsener Urquell jedoch ausschließlich ihr Wasser benutzt werden darf, können schon einmal Engpässe bei der Lieferung dieses speziellen Gerstensaftes auftreten.

Einen Gang durch die Prager Restaurant- und Caféhauslandschaft kann man morgens im „Slavia" (Zentrum, Národní tř. 1) beginnen lassen, dem wohl bekanntesten Prager Caféhaus, durch das neuerdings ein Hauch von Punk streicht. Hier, gegenüber dem Nationaltheater, hat man einen schönen Blick auf die Moldau und den Hradschin. Die Caféhausromantik im großartigen Nouveau-art-Ambiente des Hotels Europa wird allerdings durch den allzu plumpen Nepp beeinträchtigt. Das gemütliche Caféstündchen wird hier täglich ab 18.00 Uhr mit Konzertmusik untermalt.

Mittags ist ein Gang ins „Klášterní vinárna" (Národní tř. 8) empfehlenswert. Das Restaurant − im ehemaligen Ursulinerinnenkloster untergebracht − ist Schriftstellertreffpunkt. Nach einem reichhaltigen böhmischen Mittagsmahl ist dann wohl der erste Becherovka fällig.

Im „Vikárka" (Hradčany, Vikářská 6), das noch innerhalb des Burggebiets (in der Nähe des Schwarzenbergpalais) liegt, wird täglich tschechische Geschichte geschrieben. Oft treffen sich hier die Präsidialbeamten, um beim Arbeitsessen Staatsprobleme zu besprechen.

Des Abends wird der Prag-Besucher eine der berühmten Bierkneipen, in der jede ihr eigenes Bier ausschenkt, besuchen wollen. Da stehen viele traditionsreiche und originelle Häuser zur Verfügung, in denen an langen Tischen diskutiert, politisiert, debattiert und beratschlagt wird. Ein einsamer Zecher wird hier sicher nicht lange allein bleiben.

Wer auf Schwejks Spuren wandeln will, der sollte ins „U kalicha" − „Zum Kelch" (Na bojišti 14) gehen. Das Interieur sowie die ser-

vierten Gerichte des Lokals sind ganz auf Jaroslav Hašeks Roman abgestimmt. In Brechts Schwejk-Stück verabredet sich der berühmte brave Soldat, bevor er in den Weltkrieg ziehen muß, mit dem Sappeur Vodička „im Kelch, um sechse, nach'm Krieg". Im „U Fleků" (Křemencova 11) wird ein spezielles, sehr starkes und süßes Bier ausgeschenkt, dazu kann man Weißbrot und Knoblauchbutter bestellen. Dieses Lokal blickt auf eine 500jährige trinkfreudige Tradition zurück, doch regiert auch hier ein Verfahren, das ursprünglich nur mit der Milch zu tun hatte, nämlich das Absahnen.

Unter spitzen gotischen Kellergewölben kann man im „U svatého Tomáše" − „Zum Heiligen Thomas" (Letenská ul. 12) sein − recht alkoholreiches − „pivo" trinken. Hier wird bereits seit dem 14. Jahrhundert gebraut.

Natürlich ist Prag eine Bierstadt, aber auch die Weintrinker kommen hier auf ihre Kosten. Die Königlichen Weinberge früherer Zeit sind wenigstens im Namen eines Stadtteils gegenwärtig geblieben (Vinohrady), und Wein wächst in Prag heute noch an den Hängen über Schloß Troja. Geschätzt werden die Rebensäfte aus der Gegend von Mělník (an der Elbe), der beste Wein kommt nach dem Urteil der Kenner aus Žernosecký. Auch in Südmähren keltert man einen guten Tropfen. Die besten slowakischen Weine gedeihen wohl in den Bergen um Bratislava.

Eines ist gewiß: Die Weinstuben (vináry) sind die stimmungsvollsten Lokale von Prag. Oft kann sich der Weinliebhaber in jahrhundertealtem Gemäuer niederlassen. Das „U mecenáše" (Kleinseite, Malostranskí náměsti 10) ist einer der schönsten

Weinkeller der Stadt. Übersetzt lautet sein Name „Zum Mäzen". Schon seit 1633 befindet sich ein Lokal in diesem ehrwürdigen Keller. Hier wie auch an manchen anderen Orten darf sich der Zecher sagen, daß er die unabsehbare Reihe von Weinkennern genießerisch verlängert, die hier schon seit undenklichen Zeiten Wein verkostet hat. Kein Zweifel: Dieses Gefühl, diese Art historischer Kontinuität, ist einer Stadt wie Prag würdig.

Heinz Rühmann als Schwejk. Von der Einrichtung bis zur Speisekarte bezieht sich das Interieur des „Kelches" auf den berühmten Roman Hašeks. Leider zehrt die Atmosphäre dieses traditionsreichen Hauses inzwischen mehr vom Ruhm dieses Romans als von eigenen Verdiensten ... Zu sehr wird auf den kurzlebigen Touristenservice gesetzt.

U

nter den Kastanien im Biergarten des U Fleků. Auch der „Fleck" hat Prags Ruf als Bierstadt mitbegründet. Nur hier fließt das eigentümliche dunkle Bier mit einem Hauch Karamelgeschmack.

C

afé
Národní dům. Nur in den
Caféhäusern der äußeren
Bezirke läßt sich noch
genüßlich in nostalgischer
Atmosphäre die Zeitung
lesen.

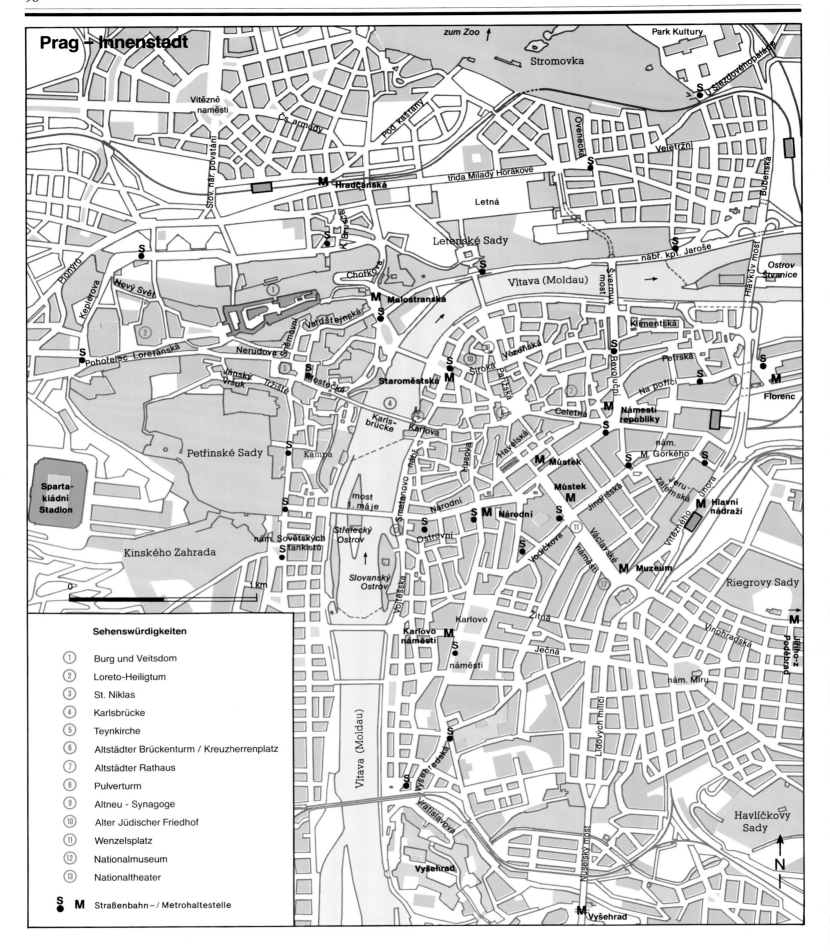

Prag – Innenstadt

zum Zoo ↑

Park Kultury

Stromovka

U Sjezdového paláce

Vítězně náměstí

Čs. armády

Pod kaštany

Ovenecká

Veletržní

Budenská

M Hradčanská

třída Milady Horákové

Letná

Letenské Sady

nábř. kpt. Jaroše

S

S

Pionýrů

K. Bruske

Chotkova

Vltava (Moldau)

Švermův most

Hlávkův most

Ostrov Štvanice

Keplerova

Nový Svět

①

M Malostranská

Valdštejnská

Klimentská

Pohořelec   Loretánská

S

Nerudova Sněmovní

Jánský Vršek

Tržiště

③

S Mostecká

Staroměstská

Šroká

Vězeňská

Parížská

Revoluční

Petrská

Na poříci

M

Florenc

Petřinské Sady

Kampa

④

Karlsbrücke

Karlova

⑥

Husova

Celetná

Havelská

M Můstek

nám. M. Gorkého

Náměstí republiky

S

M

S

S A U

most 1. máje

Smetanovo náb.

Národní

Můstek

M

Jindřišská

Václavské náměstí

M Hlavní nádraží

Sparta-kiádní Stadion

S

Střelecký Ostrov

S

Ostrovní

S M Národní

⑪

Vodičkova

Jeruzalémská

V jámě

Vítězného

nám. Sovětských tankistů

S

Slovanský Ostrov

⑬

0   1 km

Kinského Zahrada

Vltava (Moldau)

Karlovo

Zitná

Riegrovy Sady

Vinohradská

M

Karlovo náměstí

M

S náměstí

Ječná

nám. Miru

Muzeum

M Muzeum

⑫

Lidových milicí

S

Vyšehradská

N

Vratislavova

Nuselský most

Havlíčkovy Sady

Vyšehrad

M Vyšehrad

Sehenswürdigkeiten

① Burg und Veitsdom

② Loreto-Heiligtum

③ St. Niklas

④ Karlsbrücke

⑤ Teynkirche

⑥ Altstädter Brückenturm / Kreuzherrenplatz

⑦ Altstädter Rathaus

⑧ Pulverturm

⑨ Altneu - Synagoge

⑩ Alter Jüdischer Friedhof

⑪ Wenzelsplatz

⑫ Nationalmuseum

⑬ Nationaltheater

S ● **M** Straßenbahn– / Metrohaltestelle